はじめて学ぶ
子どもの福祉

和田上貴昭・野島正剛　編著

亀﨑美沙子・木村　秀・吉野真弓・髙橋雅人
赤瀬川修・石田健太郎・佐藤ちひろ・遠田康人　共著

建帛社
KENPAKUSHA

はしがき

　わが国における少子化は，政府の想定を遥かに超える勢いで進行している。1994（平成6）年策定のエンゼルプラン以降，わが国では矢継ぎ早に少子化対策を実施しており，2023（令和5）年には「こども未来戦略」を閣議決定し，それに基づく「こども・子育て支援加速化プラン」を打ち出した。また，2022（令和4）年にこども基本法が成立し，翌年には，子どもの育ちの保障や子育て支援に関する施策の司令塔として「こども家庭庁」が発足した。こうした対策により，一昔前に比べると子育てしやすい状況が構築されてはきている。

　一方で新たな課題もある。労働力不足の解消を目指した外国人材（外国籍の労働者）の受け入れ急増により，外国にルーツのある子どもたちの就学や就業においてさまざまな問題が生じている。また，ヤングケアラーの問題は，家族の構成人数の減少により，家族機能の維持を子どもが担わせられることから生じている。孤食と呼ばれる子どもが一人で食事をせざるを得ない状況も同様に核家族化やひとり親家庭の増加とそれに対する対策の不十分さから生じる。

　このような状況下において，子どもとその家庭の福祉を支える専門職は，十分な知識を身につけ，状況の変化に対応していくことの重要性を理解しなければならない。そのためのテキストとして，本書は次のように構成した。

　第Ⅰ部は「子ども家庭福祉の今を学ぶ」とし，子ども家庭福祉の理念および対象ごとの課題や政策，運用状況について解説しており，子ども家庭福祉の基本的な状況を理解することを目的としている。

　第Ⅱ部は「子ども家庭福祉の歴史としくみを学ぶ」とし，歴史，法体系，実施機関・施設について学ぶとともに，海外の状況について学ぶことで日本の特徴についてつかめるような内容となっている。

　第Ⅲ部は「子ども家庭福祉の実践を学ぶ」とし，保育士を目指す学生たちが身につけるべき専門性について説明している。子ども家庭福祉において専門職が果たすべき役割は多岐に渡る。また連携すべき他の専門職の専門性や職務内容について学ぶことも必要となる。本書を読むことで専門的な技術がすぐに身

につくものではないが，現場における視点として，保育士を含む専門職がどのような点に配慮して取り組んでいるのかを理解しておく必要がある。

　また，各章に「演習コーナー」を設け，講義を受けるだけでなく，受講生がその章での学びについて，主体的に理解を深めることができるようにした。

　本書の前身である『子どもの福祉―子ども家庭福祉のしくみと実践―』は，2000（平成12）年の初版発行以来，時代・状況に合わせて，幾度もの改訂を重ねてきた。そして先述の内容へと改めるにあたり，新たに執筆陣を迎え，『はじめて学ぶ子どもの福祉』と書名も新たにしてこのたび刊行した次第である。

　子ども家庭福祉の役割は子どもや子育て家庭，社会の状況に応じて変化してきたが，新たに生じる課題に対応すべく，これからも変化していくことが予想される。そうした変化の中にあっても，子ども家庭福祉について保育士養成課程における我々がすべきことは，適切な価値意識と専門性をもつ職員を養成することである。本書がそれに資することができれば幸甚である。

2025年3月

編　者　和田上貴昭

野島　正剛

● も く じ ●

■第Ⅰ部　子ども家庭福祉の今を学ぶ■

第1章　子どもの福祉と理念

1―子どもと家庭の福祉……………………………………………………2
（1）社会福祉と子ども家庭福祉……………………………………… 2
（2）子どもと家庭の福祉はなぜ存在するのか……………………… 2
（3）子ども家庭福祉の理念…………………………………………… 4

2―子どもの人権……………………………………………………………6
（1）子どものとらえ方と人権の変遷………………………………… 6
（2）子どもが有する基本的人権……………………………………… 7

3―子ども・家庭と社会の変化……………………………………………8
（1）都市化の進行と家族の変化……………………………………… 8
（2）格差の拡大………………………………………………………… 10

第2章　子どもと子育て支援

1―子どもと家庭を取り巻く状況………………………………………… 13
（1）少子化の進行とその背景………………………………………… 13
（2）家族の小規模化と多様化………………………………………… 14

2―子育て支援施策の経緯………………………………………………… 15
（1）「1.57ショック」を契機とした少子化対策の開始 ……………… 15
（2）少子化対策から次世代育成支援対策へ………………………… 15
（3）少子化社会対策大綱と「子ども・子育て応援プラン」………… 18
（4）ワーク・ライフ・バランスの実現に向けた取り組み………… 18

3―子ども・子育て支援新制度以降の状況と課題……………………… 19
（1）子ども子育て支援新制度………………………………………… 19
（2）放課後子ども総合プラン………………………………………… 20
（3）健やか親子21と成育基本法……………………………………… 20
（4）新子育て安心プラン……………………………………………… 21
（5）「こどもまんなか社会」の実現に向けた取り組み …………… 22
（6）今後の政策的展開とその課題…………………………………… 24

第3章　子どもと保育

1―親の就業状況と保育ニーズ…………………………………………… 27
（1）女性の就業状況の変化…………………………………………… 27

iii

（2）親の就業状況と保育‥‥‥‥‥‥‥‥‥‥‥‥‥‥‥‥‥‥‥‥ 28

2—多様化する保育ニーズと保育サービス‥‥‥‥‥‥‥‥‥‥‥‥‥ 31

（1）保育ニーズ‥‥‥‥‥‥‥‥‥‥‥‥‥‥‥‥‥‥‥‥‥‥‥ 31

（2）子ども・子育て支援新制度以降の取り組み‥‥‥‥‥‥‥‥‥ 31

3—さまざまな保育サービス‥‥‥‥‥‥‥‥‥‥‥‥‥‥‥‥‥‥ 33

（1）施設型保育事業‥‥‥‥‥‥‥‥‥‥‥‥‥‥‥‥‥‥‥‥ 33

（2）地域型保育事業‥‥‥‥‥‥‥‥‥‥‥‥‥‥‥‥‥‥‥‥ 33

（3）その他の保育サービス‥‥‥‥‥‥‥‥‥‥‥‥‥‥‥‥‥ 34

（4）認可外保育施設‥‥‥‥‥‥‥‥‥‥‥‥‥‥‥‥‥‥‥‥ 35

（5）今後の課題‥‥‥‥‥‥‥‥‥‥‥‥‥‥‥‥‥‥‥‥‥‥ 35

第4章　子どもと虐待・社会的養護

1—子どもの養護問題‥‥‥‥‥‥‥‥‥‥‥‥‥‥‥‥‥‥‥‥‥ 38

（1）社会的養護とは‥‥‥‥‥‥‥‥‥‥‥‥‥‥‥‥‥‥‥‥ 38

（2）社会的養護の原理と実態‥‥‥‥‥‥‥‥‥‥‥‥‥‥‥‥ 38

2—子ども虐待‥‥‥‥‥‥‥‥‥‥‥‥‥‥‥‥‥‥‥‥‥‥‥‥ 40

（1）子ども虐待の種類‥‥‥‥‥‥‥‥‥‥‥‥‥‥‥‥‥‥‥ 40

（2）虐待の影響‥‥‥‥‥‥‥‥‥‥‥‥‥‥‥‥‥‥‥‥‥‥ 40

（3）子ども虐待の防止対策‥‥‥‥‥‥‥‥‥‥‥‥‥‥‥‥‥ 42

（4）里親・ファミリーホーム‥‥‥‥‥‥‥‥‥‥‥‥‥‥‥‥ 42

（5）児童養護施設‥‥‥‥‥‥‥‥‥‥‥‥‥‥‥‥‥‥‥‥‥ 43

（6）パーマネンシー‥‥‥‥‥‥‥‥‥‥‥‥‥‥‥‥‥‥‥‥ 44

3— DVとその防止‥‥‥‥‥‥‥‥‥‥‥‥‥‥‥‥‥‥‥‥‥‥ 44

（1）DVとは　‥‥‥‥‥‥‥‥‥‥‥‥‥‥‥‥‥‥‥‥‥‥ 44

（2）DVへの対処‥‥‥‥‥‥‥‥‥‥‥‥‥‥‥‥‥‥‥‥‥ 46

（3）DV解決への課題‥‥‥‥‥‥‥‥‥‥‥‥‥‥‥‥‥‥‥ 47

第5章　子どもと障害

1—保育者が障害についてなぜ学ぶ必要があるのか‥‥‥‥‥‥‥‥ 50

2—障害について‥‥‥‥‥‥‥‥‥‥‥‥‥‥‥‥‥‥‥‥‥‥‥ 50

（1）障害の表記‥‥‥‥‥‥‥‥‥‥‥‥‥‥‥‥‥‥‥‥‥‥ 50

（2）障害のとらえ方‥‥‥‥‥‥‥‥‥‥‥‥‥‥‥‥‥‥‥‥ 51

（3）障害の定義‥‥‥‥‥‥‥‥‥‥‥‥‥‥‥‥‥‥‥‥‥‥ 51

3—障害のある子どもの状況‥‥‥‥‥‥‥‥‥‥‥‥‥‥‥‥‥‥ 54

（1）身体障害のある子ども‥‥‥‥‥‥‥‥‥‥‥‥‥‥‥‥‥ 54

（2）知的障害のある子ども‥‥‥‥‥‥‥‥‥‥‥‥‥‥‥‥‥ 54

4—障害のある子どもへの施策と福祉サービス‥‥‥‥‥‥‥‥‥‥ 55

（1）「障害者総合支援法」の概要 ……………………………… 55
（2）障害のある子どもを対象としたサービス……………… 56
（3）経済的支援……………………………………………………… 58
（4）より充実した福祉サービスに向けた法改正…………… 59
5—障害のある子どもと家族への支援 ……………………… 60

第6章　子どもと行動上の「問題」

1—子どもの行動………………………………………………………… 63
2—心理的な問題への対応………………………………………… 64
（1）心理的な問題とは………………………………………… 64
（2）児童心理治療施設………………………………………… 65
3—少年非行への対応……………………………………………… 65
（1）少年非行とは……………………………………………… 65
（2）少年非行の実態…………………………………………… 67
（3）福祉的な対応……………………………………………… 67
（4）不良行為相談……………………………………………… 67
（5）虞犯相談…………………………………………………… 67
（6）触法相談…………………………………………………… 68
（7）児童相談所における支援……………………………… 68
（8）児童自立支援施設における支援……………………… 68
4—不登校，ひきこもり，ニートへの対応………………… 69
（1）不登校……………………………………………………… 69
（2）ひきこもり………………………………………………… 71
（3）ニート……………………………………………………… 72

第7章　子どもと貧困

1—家庭の経済状態と子ども……………………………………… 75
（1）子どもの貧困とは………………………………………… 75
（2）絶対的貧困と相対的貧困……………………………… 76
（3）社会的排除………………………………………………… 76
（4）こどもの貧困の解消に向けた対策の推進に関する法律…… 77
（5）こどもの貧困の解消に向けた対策に関する大綱…… 78
2—貧困・低所得家庭の現状と子どもへの影響…………… 78
（1）ひとり親家庭の現状……………………………………… 78
（2）貧困の世代間連鎖………………………………………… 79
（3）貧困が子どもに及ぼす影響…………………………… 79
（4）子どもの貧困と虐待……………………………………… 82

v

3─子どもの貧困に対する取り組み・・・・・・・・・・・・・・・・・・・・・・・・・・・・・・・・・・・・・ 82
（1）経済的な貧困を解消する制度・・・・・・・・・・・・・・・・・・・・・・・・・・・・・・・・・・ 82
（2）子どもの生活・学習支援事業・・・・・・・・・・・・・・・・・・・・・・・・・・・・・・・・・・ 83
（3）そ　の　他・・ 83

■第Ⅱ部　子ども家庭福祉の歴史としくみを学ぶ■

第8章　子どもの福祉の歴史

1─欧米の子ども家庭福祉の歴史・・・・・・・・・・・・・・・・・・・・・・・・・・・・・・・・・・・・・ 86
（1）イギリスの子ども家庭福祉の歴史・・・・・・・・・・・・・・・・・・・・・・・・・・・・ 86
（2）アメリカの子ども家庭福祉の歴史・・・・・・・・・・・・・・・・・・・・・・・・・・・・ 88
2─日本の子ども家庭福祉の歴史・・・・・・・・・・・・・・・・・・・・・・・・・・・・・・・・・・・・・ 89
（1）明治期以前・・・ 89
（2）明治期から第二次世界大戦中（1945〈昭和20〉年）まで・・・・・・・・ 90
（3）終戦（1945〈昭和20〉年）から1988（昭和63）年・・・・・・・・・・ 92
（4）平成期…1989（平成元）年から現在・・・・・・・・・・・・・・・・・・・・・・・・ 93
3─子どもの権利に関する歴史～国境を越えて～・・・・・・・・・・・・・・・・・・・ 95

第9章　子ども家庭福祉の制度と法体系

1─子ども家庭福祉に関する法体系・・・・・・・・・・・・・・・・・・・・・・・・・・・・・・・・・・ 99
（1）子ども家庭福祉と「日本国憲法」・・・・・・・・・・・・・・・・・・・・・・・・・・・・ 99
（2）法令の種類・・・ 99
（3）子ども家庭福祉にかかわりのある法令・・・・・・・・・・・・・・・・・・・・・・ 99
2─子ども家庭福祉に関する法律・・・・・・・・・・・・・・・・・・・・・・・・・・・・・・・・・・・・102
（1）児童福祉六法・・・102
（2）児童福祉六法以外の子ども家庭福祉に関する法律・・・・・・・・・・・・107

第10章　子ども家庭福祉の実施体系と実施機関，施設

1─子ども家庭福祉の実施体系・・・・・・・・・・・・・・・・・・・・・・・・・・・・・・・・・・・・・・113
2─子ども家庭福祉に関する審議機関・・・・・・・・・・・・・・・・・・・・・・・・・・・・・・・114
3─子ども家庭福祉の実施機関・・・・・・・・・・・・・・・・・・・・・・・・・・・・・・・・・・・・・・115
（1）児童相談所・・・115
（2）福祉事務所・・・119
（3）家庭児童相談室・・・119
（4）保　健　所・・・120
（5）その他の子ども家庭福祉の関係機関・・・・・・・・・・・・・・・・・・・・・・・・・120

4―子ども家庭福祉の施設·····················122
（1）入 所 施 設·······················122
（2）通所施設など·······················126
（3）その他の施設·······················128
（4）児童福祉法に規定されている事業··········130
（5）児童福祉施設等の運営·················132

第11章　子どもと諸外国の子ども家庭福祉

1―国による子ども家庭福祉施策の違いと背景··············135
（1）少子化の共通点·····················135
（2）子ども家庭福祉施策に対する国の役割········137
2―諸外国の状況·····························139
（1）フ ラ ン ス·······················139
（2）スウェーデン·······················140
（3）ア メ リ カ·······················141
（4）韓　　　　国·······················142

■第Ⅲ部　子ども家庭福祉の実践を学ぶ■

第12章　子どもの福祉を支える専門職

1―専門職と資格·····························145
（1）専　門　職·······················145
（2）資　　　格·······················145
2―児童相談所で働く専門職······················146
（1）児童福祉司·······················146
（2）児童心理司·······················147
（3）弁　護　士·······················147
（4）医　　　師·······················148
（5）保健師・看護師·····················148
（6）理学療法士・作業療法士・言語聴覚士・臨床検査技師··149
（7）児童指導員・保育士···················149
（8）栄養士・管理栄養士···················150
（9）こども家庭ソーシャルワーカー············150
3―児童福祉施設等で働く専門職····················150
（1）保　育　士·······················151
（2）児童指導員·······················151

vii

（3）社会福祉士・精神保健福祉士‥‥‥‥‥‥‥‥‥‥‥‥‥‥‥‥151
（4）家庭支援専門相談員・里親支援専門相談員‥‥‥‥‥‥‥‥‥‥152
（5）心理療法担当職員‥‥‥‥‥‥‥‥‥‥‥‥‥‥‥‥‥‥‥‥‥153
（6）母子支援員・少年を指導する職員（少年指導員）‥‥‥‥‥‥‥153
（7）児童自立支援専門員・児童生活支援員‥‥‥‥‥‥‥‥‥‥‥‥154
（8）児童の遊びを指導する者（児童厚生員）‥‥‥‥‥‥‥‥‥‥‥154
4―その他の専門職‥‥‥‥‥‥‥‥‥‥‥‥‥‥‥‥‥‥‥‥‥‥‥‥155
（1）子育て支援員‥‥‥‥‥‥‥‥‥‥‥‥‥‥‥‥‥‥‥‥‥‥‥155
（2）スクールカウンセラー・スクールソーシャルワーカー‥‥‥‥155
（3）医療的ケア看護職員・特別支援教育支援員・特別支援教育コーディ
　　ネーター‥‥‥‥‥‥‥‥‥‥‥‥‥‥‥‥‥‥‥‥‥‥‥‥‥156
（4）児童委員・主任児童委員‥‥‥‥‥‥‥‥‥‥‥‥‥‥‥‥‥‥157
（5）意見表明等支援員（子どもアドボケイト）‥‥‥‥‥‥‥‥‥‥158

第13章　子どもの福祉を支える専門性

1―チャイルドケア‥‥‥‥‥‥‥‥‥‥‥‥‥‥‥‥‥‥‥‥‥‥‥‥160
2―ソーシャルワーク‥‥‥‥‥‥‥‥‥‥‥‥‥‥‥‥‥‥‥‥‥‥‥161
（1）保育士がソーシャルワークを行う必要性‥‥‥‥‥‥‥‥‥‥‥161
（2）ソーシャルワークの定義と体系‥‥‥‥‥‥‥‥‥‥‥‥‥‥‥162
（3）ケースワーク‥‥‥‥‥‥‥‥‥‥‥‥‥‥‥‥‥‥‥‥‥‥‥162
（4）グループワーク‥‥‥‥‥‥‥‥‥‥‥‥‥‥‥‥‥‥‥‥‥‥168
3―他機関・他職種との連携・協働‥‥‥‥‥‥‥‥‥‥‥‥‥‥‥‥‥168

第14章　子どもの福祉と連携

1―連携の重要性‥‥‥‥‥‥‥‥‥‥‥‥‥‥‥‥‥‥‥‥‥‥‥‥‥172
2―地域における連携・協働‥‥‥‥‥‥‥‥‥‥‥‥‥‥‥‥‥‥‥‥173
（1）連携と協働‥‥‥‥‥‥‥‥‥‥‥‥‥‥‥‥‥‥‥‥‥‥‥‥173
（2）連携と協働の実際‥‥‥‥‥‥‥‥‥‥‥‥‥‥‥‥‥‥‥‥‥174

索　　　引‥‥‥‥‥‥‥‥‥‥‥‥‥‥‥‥‥‥‥‥‥‥‥‥‥‥‥‥179

第Ⅰ部　子ども家庭福祉の今を学ぶ

第1章　子どもの福祉と理念

●●アウトライン●●

1．子どもと家庭の福祉

要　点

◎子ども家庭福祉は社会福祉における1つの領域であり，同時に高齢者や障害者，経済困窮者を対象とした社会福祉とも密接に関連している。

◎子どもの成長・発達を保障していくにあたって，子育て家庭だけでなく，それを支える社会的環境が必要である。その実践は，「児童の権利に関する条約」「児童福祉法」「こども基本法」などの理念によって成り立っている。

キーワード

社会福祉　子ども家庭福祉　子育て家庭　育児休業　児童福祉法
児童の権利に関する条約　こども基本法

2．子どもの人権

要　点

◎子どもは，古代・中世に「大人の所有物」「小さな大人」として扱われ，近代に入り保護の対象として扱われるようになった。そして現在は，保護されるだけなく，能動的に権利を行使する主体としてもとらえられるようになった。

◎「国際人権規約」（国連）が定める基本的人権は子どもにも適用され，「児童の権利に関する条約」では意見表明権，遊び・余暇の権利などについても規定している。

キーワード

小さな大人　ルソー　エミール　産業革命　デューイ　エレン・ケイ　児童の世紀
児童中心主義　コルチャック　セーブ・ザ・チルドレン

3．子ども・家庭と社会の変化

要　点

◎都市化に伴う生活様式の変化は，子育てのあり方や，子育てを支えるしくみにまで影響を及ぼし，少子化問題の遠因にもなっている。

◎経済的な格差，都市部と地方との格差などにより，子どもにとっての教育や体験の機会が失われることが懸念されている。

キーワード

都市化　核家族化　少子化　格差　機会の制限

第Ⅰ部●子ども家庭福祉の今を学ぶ

1——子どもと家庭の福祉

（1）社会福祉と子ども家庭福祉

　本書で学ぶ皆さんは，すでに社会福祉を学んでいたり，この子ども家庭福祉と並行して学んでいたりするかもしれない。**社会福祉**を大きく対象者別にとらえると，高齢者，障害者，経済困窮者，子ども（子育て家庭）などに分けることができる。いずれも社会的に弱い立場に置かれる可能性の高い人たち（**社会的ヴァルネラビリティ**）である。社会福祉は生活のしづらさの解消を目指し，こうした人たちを支援対象として制度が設計されている。子どもや子育て家庭を対象とした社会福祉が子ども家庭福祉であり，子ども家庭福祉は社会福祉の一領域である。そのため子ども家庭福祉を学ぶ際には，社会福祉の学びを意図的につなげて理解する必要がある。それにより社会福祉と子ども家庭福祉の理念や法制度の関連性をより深く理解し，それを実践に反映することができる。

　子どもや子育て家庭で生じる生活のしづらさには，いくつかの側面がある。障害など子どもの発達・発育に関するものや，保育の必要性や虐待など子育ての困難，就労やDV（ドメスティック・バイオレンス）など多岐にわたる。また，介護など家族に関する問題が関係していることがある。家族内の問題は多岐にわたり，子ども家庭福祉だけで対応することは難しい。そのため，高齢者や障害者，経済困窮者を対象とした福祉の理念や法制度，問題の構造を把握することが求められる。また，地域で支え合う仕組みや関連する法制度にも目を向ける必要がある。社会福祉の各領域でどのような支援が行われているのかを学ぶことで，より実践的な理解につながる。

（2）子どもと家庭の福祉はなぜ存在するのか

　子どもが心身共に成長・発達するには，子ども自身の力だけでは難しい。そこで，保護者が成長・発達に適切な家庭環境を整え，子どもの養育にふさわしい生活を行うことで，子どもは心身共に健やかに成長・発達することができる。家庭は子どもが最初に触れる社会であり，基本的な価値観や行動規範を形成する非常に重要な場である。特に低年齢の子どもには安定した環境が不可欠

である。保護者が発達段階と課題を理解し，適切な家庭環境を整え，養育する意欲と能力をもつことが重要である。

しかし現代社会において子育て家庭が単独で子育てをしていくにはたくさんの困難がある。「出生動向基本調査」(国立社会保障・人口問題研究所)からは，子育てを取り巻く困難な状況が読み取れる。例えば，図1―1からは子どもを生み育てたいが，「子育てや教育にお金がかかりすぎるから」(52.6％)，「高年齢で生むのはいやだから」(40.4％)，「ほしいけれどもできないから」(23.9％)，「これ以上，育児の心理的，肉体的負担に耐えられないから」(23.0％)，「健康上の理由から」(17.4％)，「自分の仕事（勤めや家業）に差し支えるから」(15.8％)などの理由により断念している様子がうかがえる。

また女性が育児休業を利用し，就業を継続する傾向がうかがえる一方で，子

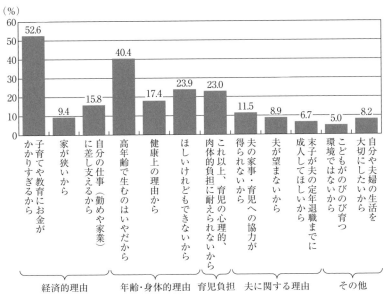

(注) 対象は予定こども数が理想こども数を下回る．妻の調査時年齢50歳未満の初婚同士の夫婦．
複数回答のため合計値は100％を超える．
(出典) 国立社会保障・人口問題研究所：第16回出生動向基本調査（夫婦調査）報告書，2021

図1―1　理想子ども数を持たない理由（理想，予定子ども数の組み合わせ別）

第Ⅰ部●子ども家庭福祉の今を学ぶ

どもがいる共働きの夫婦について平日の帰宅時間は女性よりも男性のほうが遅い傾向から，育児負担が女性に集中する「ワンオペ」状態になっている傾向もある。子育て中でも就業時間への配慮は十分ではない。そのため**保育時間の長時間化**が不可欠な状況である。働きながら子育てをするための環境整備がさらに求められている。

　これらの結果に示されているように，子育てにおいて多くの課題が明白になっている。経済的理由や育児負担，出産の高齢化に伴う問題などである。女性の就労割合が増え，子どもが生まれてからも就労を希望する人が増えたことが近年の変化である。国はこうした状況に対して，児童手当をはじめとした経済給付等の施策を充実させている。育児負担の軽減についても，保育施策や子育て支援施策の充実により対応している。また，就労先となる事業所に対しても働きかけを行い，就労と育児の両立が可能な環境の整備に努めている。しかしながら，これらの施策の効果は十分ではなく，合計特殊出生率に回復の兆しは見えてきていない。

　ところで，国は子どもを産み育てるという「個人的なこと」に対して児童手当や子育て支援などの施策を行っている。共働き家庭が増え，女性の社会進出も進む中，将来の社会を支える子どもの育児を家庭に押しつけることは現実的ではない。施策を通じて，育児を社会全体で支えるものと位置づけているのだ。一方で，貧困などのリスクが高まると社会不安を引き起こす可能性がある。施策を通じて健全に育つ環境を整えることは，社会の安定にも寄与する。これは社会保障の観点からも重要であり，個人の育児を支えることが，結果として社会全体の安定につながる。

　国にとって子どもの存在はとても重要である。子どもが減少するということは，その国の経済規模の現象を招く可能性を高めることにつながる。また権利擁護の観点から，児童虐待等の子どもへの権利侵害は，国が国民を守る上で重要な課題であり，対応が不可欠である。

（3）子ども家庭福祉の理念

　子ども家庭福祉を理解するためには，理念，制度，実践の3つを理解する必要がある。理念は，子どもと家庭の福祉の目標や価値観を示すものであり，制

第1章●子どもの福祉と理念

度はその理念を実現するために必要な法律や規則のことを指す。実践は制度を
具体的な形にし，現場での活動や取り組みを行うことである。この理念，制
度，実践が相互に連携し，保育を含めた福祉が実施されることで，子どもと家
庭の福祉の向上が図られる。子ども家庭福祉の理念は，子どもと家庭の福祉の
目標や価値観を示すものである。保育の現場で困難に直面した時，この理念に
立ち戻ることで，その解決方法が適切かどうかを再評価することができる。理
念は，具体的な手順を定めたものではなく，行動の指針となる基本的な価値観
を提供するものである。

　日本において子ども家庭福祉の施策は「**児童福祉法**」に基本的な内容が定め
られていることから，「児童福祉法」の理念がこども家庭福祉の理念と認識し
てよいであろう。その理念は下記の第１条で定められている。

> 　全て児童は，児童の権利に関する条約の精神にのつとり，適切に養育されるこ
> と，その生活を保障されること，愛され，保護されること，その心身の健やかな
> 成長及び発達並びにその自立が図られることその他の福祉を等しく保障される権
> 利を有する。

　一つ目に記されているのが「児童の権利に関する条約の精神にのつとり」と
の文言である。「児童福祉法」は1947（昭和22）年に制定後，第１条の理念部
分については長く改正されることはなかったが，2016（平成28）年の改正にお
いてこの点が大きく変更された。以前は社会的に弱い立場にある子どもを守る
ことが国や国民の義務であり，守られることが子どもの権利とされていた。こ
の条約により従来の守られる権利（**受動的権利**）に加え，子ども自身が権利を
行使できる主体であるという考え（**能動的権利**）が加わった。日本は条約を
1994（平成６）年に批准しているが，児童福祉法の第１条に条約名を記すこと
で改めて子どもの権利について尊重する姿勢が示されている。

　第２条では，国民の義務として子どもが良好な環境で生まれ，年齢や発達の
程度に応じて意見が尊重され，子どもの最善の利益が優先して考慮されるこ
と，そして心身ともに健やかに育成されることが定められている。さらに，児
童の保護者は児童の育成の第一義的な責任を負い，国および地方公共団体は保護
者とともに健やかに育成する責任を負うと定めている。第３条には，第１条と

5

第Ⅰ部●子ども家庭福祉の今を学ぶ

第2条の内容は，児童の福祉を保障するための原理であり，子どもに関するすべての法律で尊重すべき事柄であると示している。

2022（令和4）年成立の「こども基本法」第1条にも，児童の権利に関する条約の精神に基づき子どもの権利擁護が守られることが記されている。この法律は，子どもの福祉を含めた子ども施策の総合的な推進を目指す法律である。

本書で学ぶ皆さんは，その知識を生かして，子どもが育つために必要な良好な環境とは何かを考え，地域や職場でその知識を生かしてほしい。子ども家庭福祉の理念は，子どもを受け身的存在として保護するだけでなく，子どもの意見を聞き，そしてそれを尊重し，子どもの生存，発達および自立に関する固有の権利を積極的に保障することにある。

2──子どもの人権

（1）子どものとらえ方と人権の変遷

現在では，子どもが独立した人格をもち，大人と同じように人権を有する存在として認識されている。しかし，過去にはそうではなかった。

古代，子どもは大人の所有物とされていた。中世に入ると，子どもは「小さな大人」として見なされ，大人と同じような行動や立ち居振る舞いが求められた。近代に入ると，18世紀，ジャン＝ジャック・ルソーは著書『エミール』の中で「子どもと大人は違う存在である」と位置づけ，子どもにふさわしい対応の必要性を示し，「子どもの発見」と呼ばれるようになった。こうした考え方は19世紀，ペスタロッチやフレーベルなどの教育者たちにも受け継がれた。

18世紀半ばから19世紀にかけての産業革命によりイギリスでは，工場労働者は過酷な労働を強いられ，特に子どもは安い労働力として酷使された。そこで，綿工場で働く児童の保護を目的に1802年に「工場法」（徒弟の健康と道徳の保護に関する法律）が制定された。その後1819年法により9歳未満の労働が禁止され，16歳未満の児童による1日12時間以上の労働と夜業が禁止された。こうして，子どもは保護の対象という考え方が徐々に浸透していった。

1899年にはアメリカのジョン・デューイが『学校と社会』を著し，翌1900年にはスウェーデンの教育学者エレン・ケイが『児童の世紀』を著した。これら

第1章●子どもの福祉と理念

の著作はルソーやペスタロッチの流れを組みつつ，「児童中心主義」と呼ばれる新しい子ども観を提唱した。また，アメリカでは1909年に「子どものための第1回児童福祉白亜館（ホワイトハウス）会議」が開催され，当時のルーズベルト大統領が「児童は緊急なやむをえない理由がない限り，家庭生活から引き離されてはならない」などの宣言を出し，子どもへの関心が高まった。

1919年，エグランタイン・ジェブは戦争下でも14歳以下の子どもに敵はいないとして「セーブ・ザ・チルドレン」を設立した。1924年に国際連盟で「児童の権利に関するジュネーブ宣言」が出され，ジェブがその草案を作成した。

1959年には国際連合で「児童の権利に関する宣言」が成立し，子どもの有する権利が具体化された。この宣言では，子どもは身体的・精神的に未熟であるため，出生前後を含めて特別に保護・世話する必要があると示されている。

1989年，国際連合で「児童の権利に関する条約（子どもの権利条約）」が採択された。条約では，子どもは保護されるだけでなく，能動的に権利を行使する主体としてもとらえられるようになった点で大きな転換があり，ポーランドのヤヌシュ・コルチャックの思想が大きく寄与している。コルチャックは第二次世界大戦中に孤児院の院長を務め，子どもたちの人権を尊重する姿勢を貫いた。彼は孤児院で子どもたちに会議や裁判を行う権利を認め，自らもその裁きを受け入れた。こうした実践が，「児童の権利に関する条約」の理念に反映された。2023年11月現在，この条約の締約国（地域）の数は196となっている。

（2）子どもが有する基本的人権

「児童の権利に関する条約」は，国連が定めた国際人権規約のＡ規約（経済・社会・文化権規約）およびＢ規約（自由権規約）で認められている諸権利について，子どもを対象に広範に規定している。さらに意見表明権や遊び・余暇の権利など，独自の条項を加え，子どもの人権尊重や権利の確保に向けた詳細で具体的な事項を規定している。つまり「児童の権利に関する条約」は基本的人権の範囲が子どもにもあることを改めて示したものともいえる。

子どもは社会の参加者であり，社会を構成する者としての基盤をつくるものである。子ども自身も自らの権利を理解し，それを実践することでよりよい社会を構築することが可能になる。子どもの権利には，自らの意見を表明する権

7

利があり，他の権利とも関連させながら，どのように守ってほしいのか，どのように教育を受けて育つのか，自らの意見を示すのである。子どもの人権擁護は，子どもたちが安全で健康的な環境で成長し，その潜在能力を最大限に発揮できるようにするために，社会全体が果たすべき重要な役割である。

3——子ども・家庭と社会の変化

（1）都市化の進行と家族の変化

　少子化の進行は子どもを生まないという選択をする人と，生む場合も1人しか生まないという選択をする人が増加することによって生じている（図1－2）。また表1－1に示された通り，その選択は女性が仕事をもっていることが少なからず影響している。

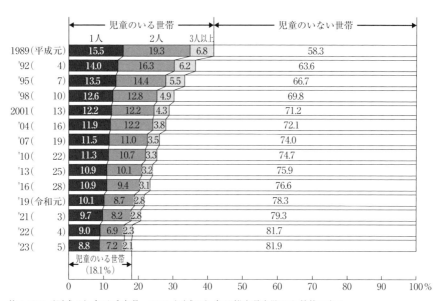

注：1995（平成7）年は兵庫県，2016（平成28）年は熊本県を除いた数値である。
(出典) 厚生労働省：2023（令和5）年 国民生活基礎調査の概況, 2024

図1－2　児童の有（児童数）無の年次推移

第1章●子どもの福祉と理念

表1－1　児童のいる世帯における母の仕事の状況の年次推移

	総　数	仕事あり	正規の職員・従業員	非正規の職員・従業員	その他	仕事なし
	推計数（単位：千世帯）					
2004（平成16）年	12,542	7,109	2,115	3,286	1,707	5,433
'07（　19）	12,058	7,158	1,968	3,553	1,637	4,900
'10（　22）	11,945	7,190	2,019	3,731	1,439	4,756
'13（　25）	11,711	7,384	2,269	4,056	1,059	4,326
'16（　28）	11,221	7,536	2,464	4,068	1,004	3,685
'19（令和元）	10,872	7,869	2,843	4,105	921	3,003
'21（　3）	10,369	7,868	3,070	3,872	926	2,501
'22（　4）	9,618	7,277	2,927	3,504	846	2,341
'23（　5）	9,274	7,212	3,002	3,292	918	2,063
	構成割合（単位：％）					
2004（平成16）年	100.0	56.7	16.9	26.2	13.6	43.3
'07（　19）	100.0	59.4	16.3	29.5	13.6	40.6
'10（　22）	100.0	60.2	16.9	31.2	12.1	39.8
'13（　25）	100.0	63.1	19.4	34.6	9.0	36.9
'16（　28）	100.0	67.2	22.0	36.3	8.9	32.8
'19（令和元）	100.0	72.4	26.2	37.8	8.5	27.6
'21（　3）	100.0	75.9	29.6	37.3	8.9	24.1
'22（　4）	100.0	75.7	30.4	36.4	8.8	24.3
'23（　5）	100.0	77.8	32.4	35.5	9.9	22.2

注：1）2016（平成28）年の数値は，熊本県を除いたものである。
　　2）母の「仕事の有無不詳」を含まない。
　　3）「その他」には，会社・団体等の役員，自営業主，家族従業者，内職，その他，勤めか自営か不詳及び勤め先での呼称不詳を含む。
（出典）厚生労働省：2023（令和5）年 国民生活基礎調査の概況，2024

　子どもが育つ環境は，近年大きく変化してきている。中でも**都市化**による影響は大きい。都市化とは，人口が都市へ集中することだけではなく，それにより生活様式が変化することを意味する。近隣関係の希薄化，都市的パーソナリティーとしての個人主義の形成，市民意識の形成，犯罪の多発などが生じるとされている。近隣関係の希薄化は核家族化が進んだ現代において，地域コミュニティの助けを得ながら子育てをすることを難しくしている。また個人主義は個人の意義と価値を重視し，個人の権利や自由を尊重する考え方であるが，そ

第Ⅰ部　子ども家庭福祉の今を学ぶ

の結果として出産・子育てを選択しないという決定が生じ，少子化が進むことにもつながる。また，犯罪の増加は子育てのスタイルに影響を与える。

　こうした都市化に伴う家族規模の縮小と女性の就労割合の増加は，外部の社会資源に頼らずに子育てをすることを困難にしている。都市化がもたらした子育て環境の変化に対して，公的な保育施策や子育て支援施策だけではなく，新たに近隣に住む人たち同士が支え合うしくみも必要となる。

（2）格差の拡大

　経済的・社会的な変化が進む中で，労働市場は競争が激しくなっている。保護者は長時間の労働，迅速で細やかな対応，サービス残業などを求められる。景気が回復しているといわれるが，実際には収入が増える以上に税金や社会保障費で手取り収入が減っている感覚をもつ人も多い。子育て家庭の経済状況は子どもの育ちにも影響を与える。

　経済的な状況から教育やさまざまな体験の機会が制限される場合もある。機会の制限は，教育の機会だけでなく，将来の生活やさまざまなチャンスを失うことにつながり，大きな影響を及ぼす。貧困により学業や友人関係の広がりが制限され，将来のキャリア選択にも影響を与える。

　地方では中学校や高等学校の再編が進んでいる。ある町では，中学校を再編した結果，町内に中学校が1つのみとなり，通学にはバスが必須となった。冬季には積雪があり通学が困難になるため，生徒たちは中学校の寄宿舎に入らざるを得ない。この町には塾もなく，高等学校は隣の市にしかない。こうした地域と都市部を比較した場合，教育へのアクセスに大きな格差が生じている。

　また，経済的格差はデジタルデバイスへのアクセスにも影響を及ぼす。コロナ禍では，自宅にネット環境やオンライン授業に必要な機器を揃えている家庭もあれば，経済的理由でそうした準備ができない家庭もあった。これをデジタルデバイドとも呼び，学習機会を奪われることが将来的に社会的な格差を広げる可能性があると指摘されている。情報収集の機会が限られることで，教育成果にも影響を与える懸念がある。

　子どもたちは未来の社会を担う重要な存在である。子どもたちが健全に成長・発達し，地域でさまざまな機会を得て豊かな体験をすることは，地域社会

のみならず，日本や世界の明るい未来と希望をつくる基盤になる。そのために
は家庭だけでなく，地域や社会全体の支援が不可欠であり，社会全体で子ども
たちを支える環境を整えることが，明るい未来を築くための鍵となる。

● **演習コーナー** ●
・子どもと家庭に福祉が必要な理由について整理し，要点をまとめてみよう。
・子どもの人権について近代以前はどのようにとらえられ，現代はどのように
　位置づけられているかまとめてみよう。
・子ども家庭を取り巻く社会状況についてまとめてみよう。

第Ⅰ部　子ども家庭福祉の今を学ぶ

第2章　子どもと子育て支援

● ● アウトライン ● ●

1．子どもと家庭を取り巻く状況

要　点

◎わが国では人口が維持されるための合計特殊出生率（人口置換水準）を下回る状況
が続いている。

◎家族規模の縮小，家族の多様化が進んでおり，ステップファミリーや外国にルーツ
をもつ子どもが増加している。

キーワード

少子化　1.57ショック　合計特殊出生率　家族の多様化　ステップファミリー
外国にルーツをもつ子ども

2．子育て支援施策の経緯

要　点

◎1990年代以降，1.57ショックを契機として子育て支援施策が開始された。

◎2000年代には，少子化に歯止めをかけ，社会全体で次世代を健やかに育成するた
めに，男性を含めた働き方の改革が目指された。

キーワード

少子化対策　エンゼルプラン　新エンゼルプラン　次世代育成支援対策
子ども・子育て応援プラン　ワーク・ライフ・バランス

3．子ども・子育て支援新制度以降の状況と課題

要　点

◎子ども・子育て支援新制度により，保育所や幼稚園，認定こども園への財政支援が
一本化された。

◎こども家庭庁の創設およびこども基本法の制定等により，「こどもまんなか社会」
の実現に向けた取り組みが進められている。

キーワード

子ども・子育て支援新制度　放課後子ども総合プラン　健やか親子21
こども家庭庁　こども基本法

1──子どもと家庭を取り巻く状況

（1）少子化の進行とその背景

　わが国では急速に少子高齢化と人口減少が進行している。この問題は「**1.57ショック**」を契機として社会に広く認識されるようになり，以降，国をあげたさまざまな少子化対策が講じられている。「1.57ショック」とは，1989（平成元）年の**合計特殊出生率**が，丙午によって一時的に低下した1966（昭和41）年の水準（1.58）を下回った衝撃の大きさを表す言葉である。その後も人口が維持されるための合計特殊出生率（人口置換水準）を下回る状況が続いており，2023（令和5）年の出生数は72万人，合計特殊出生率は1.20となっている（図2─1）。

　1997（平成9）年に発表された人口問題審議会による「少子化に対する基本的考え方について─人口減少社会，未来への責任と選択─」では，少子化の要因として，「未婚率の上昇（晩婚化の進行と生涯未婚率の上昇）」，「夫婦の平均出生児数と平均理想子ども数との開き」等が挙げられている。

　少子化の進行は労働力の低下を招き，経済にマイナスの影響を与えることと

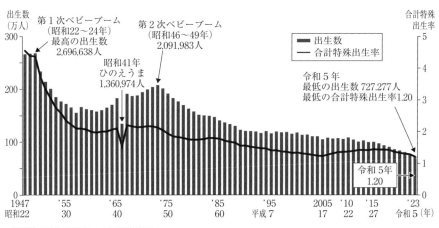

（資料）厚生労働省：人口動態統計

図2─1　出生数および合計特殊出生率の年次推移

第Ⅰ部●子ども家庭福祉の今を学ぶ

なる。また、わが国では同時に高齢化が進行しており、このまま少子高齢化が進行することで、社会保障制度の維持が困難となる。そのため、1990年代以降、エンゼルプランをはじめとする本格的な対策が開始された。

（2）家族の小規模化と多様化

わが国では家族規模の縮小化が進んでいる。2020（令和2）年には「単独」世帯が最も高い割合を占め、「ひとり親と子ども」世帯の割合も高まっているのに対して、「3世代等」世帯の割合は低下している[1]。

近年では婚姻件数に占める再婚の割合が約4分の1以上を占めており[2]、ひとり親家庭の再婚による**ステップファミリー**[*1]も増加しつつある。ステップファミリーの子どもは、血縁関係のない継親と新たな親子関係を築くこととなる。そうした中で、子どもは実親と継親との間でさまざまな葛藤を抱いたり、実親を取られたような気持ちになったりと、複雑な感情を抱くことが少なくない。また、それまでの実親との生活とは異なる生活習慣のもとで、新たな家族と関係を築いていかなければならない。ステップファミリーには複雑な家族関係があり、子育てにもさまざまな困難が生じやすい。しかしながら、公的な支援は不足しており、主に民間団体による支援が行われている。

さらに、わが国では国際化とともに外国にルーツをもつ子どもの数が増加傾向にあり、公立学校に在籍する日本語指導が必要な児童生徒は2023（令和5）年までの15年間で倍増している[3]。外国にルーツをもつ子どもや家族にとって最大の困難は言葉の問題である。日本語での意思疎通の難しさから孤立したり、安定した仕事が得られず経済的困窮に陥ったりすることも少なくない。日本語で意思疎通ができたとしても、園や学校等で配布されるプリントやお便りの内容が理解できず、必要な情報が得られない、あるいは必要な手続きができない等のさまざまな困難が生じやすい。このような問題に対応するために、現在、「外国人材の受入れ・共生のための総合的対応策」に基づいて日本語教育の推進、進路指導や心理的サポート、居場所づくり等が進められている。

＊1　血縁関係のない親子関係を含む家族であり、両親ともに再婚の場合もあれば、いずれかが未婚の場合もある。

第2章●子どもと子育て支援

2──子育て支援施策の経緯

　子どもの育ちをめぐる問題として，子ども虐待やDV（第4章参照），障害（第5章参照），非行（第6章参照），子どもの貧困（第7章参照）等がある。これらに対する具体的な施策については各章にて詳述することとし，本節では主に少子化対策・子育て支援にかかわる施策について概観する。

（1）「1.57ショック」を契機とした少子化対策の開始

　わが国の少子化対策は「1.57ショック」を契機として，1990年代以降に開始された（図2－2）。まず，1994（平成6）年12月には「今後の子育て支援のための施策の基本的方向について（**エンゼルプラン**）」が策定され，今後10年間に取り組むべき基本的方向と重点施策が定められた。併せて，その実施にあたって，保育所の量的拡大や低年齢児保育や延長保育等の多様な保育サービスの充実，地域子育て支援センターの整備等，1999（平成11）年度までの目標を定めた「緊急保育対策等5か年事業」が策定された。

　その後も少子化の進行には歯止めがかからず，1999（平成11）年12月には「少子化対策推進基本方針」が決定し，同年12月にこの基本方針に基づく「重点的に推進すべき少子化対策の具体的実施計画について（**新エンゼルプラン**）」が策定された。これは2000（平成12）年度～2004（平成16）年度までの計画を示すものであり，これまでの保育サービス関係のみならず，雇用，母子保健・相談，教育等，幅広い内容を含むものとなった。

　同時期の母子保健施策では，2000（平成12）年にすべての子どもの健やかな成長を支えるための取り組みを示す国民運動計画として，「健やか親子21」第1次計画（2001（平成13）年～2014（平成16）年）が策定された。ここでは，4つの課題について具体的な目標値が示された。

（2）少子化対策から次世代育成支援対策へ

　次代を担う子どもが健やかに生まれ育成される環境を社会全体で整備するため，2003（平成15）年7月に10年間の時限立法として「**次世代育成支援対策推**

第Ⅰ部 子ども家庭福祉の今を学ぶ

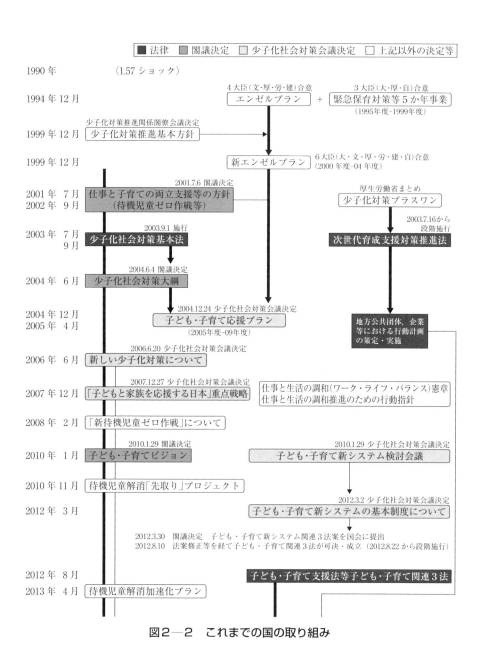

図2-2 これまでの国の取り組み

第2章 子どもと子育て支援

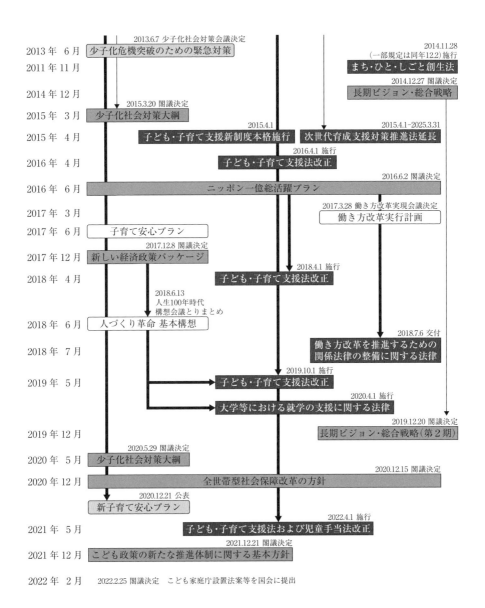

第Ⅰ部　子ども家庭福祉の今を学ぶ

進法」が制定された。この法律では，地方公共団体および事業主（労働者301人以上）*2に対し，次世代育成支援のための取り組みを行動計画として作成することを義務付けた。その後，さらなる取り組みが必要となり，2015（平成27）年の法改正で10年間延長され，2024（令和6）年の法改正でさらに10年間延長された。

（3）少子化社会対策大綱と「子ども・子育て応援プラン」

　2003（平成15）年7月に制定された「少子化社会対策基本法」に基づき，総合的かつ長期的な少子化に対処するための施策の指針として2004（平成16）年6月「**少子化社会対策大綱**」が策定された。そこでは，「3つの視点」と「4つの重点課題」，「重点課題に取り組む28の具体的行動」が示された。

　この大綱に盛り込まれた施策の推進を図るために，2004（平成16）年12月に「少子化社会対策大綱に基づく具体的実施計画について（通称，**子ども・子育て応援プラン**）」が策定され*3，少子化社会対策大綱の掲げる4つの重点課題に沿って，2009（平成21）年度までの5年間に取り組む具体的な施策内容と目標が定められた。このうち，放課後児童クラブ事業については，2007（平成19）年に文部科学省と厚生労働省が共同で「放課後子どもプラン」を策定し，すべての小学校区において，文部科学省による「放課後子ども教室推進事業」と厚生労働省による「放課後児童健全育成事業（放課後児童クラブ）」の一体的な実施が推進された。

（4）ワーク・ライフ・バランスの実現に向けた取り組み

　急速な少子化の進行の背景には，女性に就労と出産・子育ての二者択一を迫る状況があり，少子化に歯止めをかけるためには社会全体で男性も含めた「働

---

*2　常時雇用する労働者が301人以上の事業主に，行動計画の策定が義務付けられた。2015（平成27）年の法改正により，その範囲が拡大され，労働者が101人以上の企業に行動計画の策定が義務付けられた。

*3　少子化社会対策大綱は，おおむね5年ごとの見直しが求められており，これまでに①2004（平成16）年6月，②2010（平成22）年1月（「こども・子育てビジョン」として策定），③2015（平成27）年3月，④2020（令和2）年5月と，4度の見直しが行われている。

第2章●子どもと子育て支援

き方」の改革が必要であるとの認識から，2007（平成19）年12月に「仕事と生活の調和（ワーク・ライフ・バランス憲章）」および「仕事と生活の調和推進のための行動指針」が策定された。この憲章では「仕事と生活の調和が実現した社会の姿」として，①就労による経済的自立が可能な社会，②健康で豊かな生活のための時間が確保できる社会，③多様な働き方・生き方が選択できる社会の３つの姿を示し，その実現に向けて社会全体で取り組むべき目標を示している。これらは2010（平成22）年６月に改定され，さらなる取り組みが推進されている。

3──子ども・子育て支援新制度以降の状況と課題

（1）子ども・子育て支援新制度

　2012（平成24）年８月に幼児教育・保育，地域の子ども・子育て支援を総合的に推進するための子ども・子育て関連３法[*4]が成立し，2015（平成17）年４月１日から，「**子ども・子育て支援新制度**」が本格施行された。新制度の主なポイントは次の３つである。

＜子ども・子育て支援新制度の主なポイント＞
１．認定こども園，幼稚園，保育所を通じた共通の給付である「施設型給付」および小規模保育，家庭的保育等への給付である「地域型保育給付」の創設
２．認定こども園制度の改善
３．地域の子ども・子育て支援の充実

　１点目は認定こども園，幼稚園，保育所に共通する「**施設型給付**」を創設し，これまで別々になされていた財政支援を一本化したことである。併せて，新たに「**地域型保育給付**」を創設し，小規模保育，家庭的保育，居宅訪問型保育，事業所内保育の４事業を財政支援の対象とした。これらの給付を利用する

[*4]　子ども・子育て関連３法とは，「子ども・子育て支援法」，「就学前の子どもに関する教育，保育等の総合的な提供の推進に関する法律の一部を改正する法律」，「子ども・子育て支援法及び就学前の子どもに関する教育，保育等の総合的な提供の推進に関する法律の一部を改正する法律の施行に伴う関係法律の整備等に関する法律」を指す。

19

第Ⅰ部●子ども家庭福祉の今を学ぶ

子どもは1号〜3号のいずれかの認定*5を受け，その区分にしたがい保育所，幼稚園，認定こども園，小規模保育等を利用することとなった。

2点目は認定こども園制度の改善である。幼保連携型認定こども園を学校および児童福祉法の両方の位置づけをもつ単一の認可施設とし，それまでの認可や指導監督等における二重行政を改善することとなった。

3点目は地域の子ども・子育て支援の充実である。地域子育て支援拠点事業や一時預かり事業，放課後児童クラブ等の市町村が行う事業を「**地域子ども・子育て支援事業**」として法律上に位置づけ，財政支援の強化により一層の拡充が図られることとなった。

（2）放課後子ども総合プラン

2014（平成26）年7月には「小1の壁」*6を打破し，次代を担う人材の育成のため，文部科学省・厚生労働省による「**放課後子ども総合プラン**」が策定され，学校施設の活用により「放課後児童クラブ」と「放課後子供教室」の一体的な展開が推進された。その後，2017（平成29）年に「新しい経済政策パッケージ」が閣議決定され，より一層の整備の推進が図られた。「放課後子ども総合プラン」の内容は，2018（平成30）年策定の「新・放課後子ども総合プラン」へと引き継がれ，さらなる整備が図られている。

（3）健やか親子21と成育基本法

母子保健施策においては，2014（平成26）年度までの「**健やか親子21**」の実施状況をふまえ，2015（平成27）年に第2次計画がスタートし，2024（令和6）年までに取り組む基盤課題と重点課題が設定された（図2―3）。

さらに，2018（平成30）年12月に公布された「成育過程にある者及びその保

---

*5　満3歳以上の小学校就学前の子どものうち，保育を必要とする子どもは2号認定に該当し，保育所・認定こども園等において給付を受けることができる。満3歳以上の小学校就学前の子どものうち，2号認定以外の子どもは1号認定に該当し，保育所または認定こども園において給付を受けることができる。満3歳未満の保育を必要とする子どもは1号認定に該当し，保育所・認定こども園・小規模保育等において給付を受けることができる。

*6　放課後児童クラブの開所時間が保育所よりも短いために，子どもの小学校入学後に退職せざるを得ない状況となること。

第2章 子どもと子育て支援

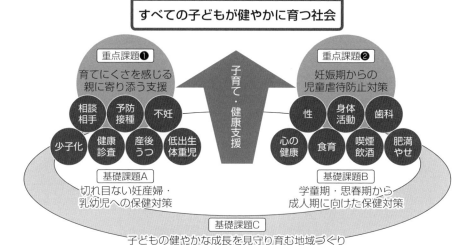

(資料) 厚生労働省：健やか親子21（第2次）イメージ図をもとに作成

図2-3　健やか親子21（第2次）の概要

護者並びに妊産婦に対し必要な成育医療等を切れ目なく提供するための施策の総合的な推進に関する法律（以下，成育基本法）」を受けて，2021（令和3）年2月に「成育医療等の提供に関する施策の総合的な推進に関する基本的な方針」が閣議決定された（2023（令和5）年3月改定）。この方針では，医療・保健・教育・福祉等，関係分野における相互連携を図りつつ，成育過程にある者等に対して横断的な視点での総合的な取り組みが目指されている。

（4）新子育て安心プラン

2020（令和2）年には厚生労働省が「**新子育て安心プラン**」を公表し，2021（令和3）年度から2024（令和6）年度末までの4年間で約14万人分の保育の受け皿を整備することとされた。同プランでは，①地域の特性に応じた支援，②魅力向上を通じた保育士の確保，③地域のあらゆる子育て資源の活用の3つを柱としており，早期の待機児童解消を目指すとともに，女性（25歳～44歳）の就業率の上昇への対応が目指されている（図2-4）。

21

第Ⅰ部●子ども家庭福祉の今を学ぶ

---

①地域の特性に応じた支援

　必要な方に適切に保育が提供されるよう，地域の課題を丁寧に把握しつつ，地域の特性に応じた支援を実施。

○保育ニーズが増加している地域への支援

　子育て安心プランにおける保育の受け皿確保の取り組みを引き続き推進。

○マッチングの促進が必要な地域への支援

　保護者への「寄り添う支援」を強化し，マッチングを促す。

○人口減少地域の保育のあり方についても別途検討を進める

---

②魅力向上を通じた保育士の確保

　保育士が生涯働ける魅力ある職場づくりを推進するとともに，職業の魅力を広く発信する。

---

③地域のあらゆる子育て資源の活用

　利用者のニーズにきめ細かく対応するため，幼稚園・ベビーシッターなど，地域のあらゆる子育て資源を活用する。

（資料）こども家庭庁：新子育て安心プラン（令和２年12月21日公表）より作成

図２－４　新子育て安心プランの概要

（5）「こどもまんなか社会」の実現に向けた取り組み

　2021（令和３）年12月に閣議決定した「こども政策の新たな推進体制に関する基本方針」に基づいて，2023（令和５）年４月に「こども家庭庁設置法」が施行された。子どもに関する取り組みを社会の真ん中に据えて，社会全体ですべての子どもの健やかな成長を後押しするための新たな司令塔として，**こども家庭庁**が創設された。こども家庭庁には「企画立案・総合調整部門」「成育部門」「支援部門」の３部門が設置され，これまで内閣府や厚生労働省等に分散していた子どもに関する政策を一本化し，一元的に企画・立案・総合調整を行うこととなった。

　あわせて，子どもに関する施策を社会全体で推進する包括的な基本法として，2022（令和４）年６月に「**こども基本法**」が成立し，2023（令和５）年４月に施行された。「こども基本法」には子どもが将来にわたって幸福な生活を送ることができる社会を実現するために，日本国憲法や子どもの権利条約の精

第2章●子どもと子育て支援

神にのっとり，6つの基本理念が示されている（図2−5）。

目　的
　日本国憲法及び児童の権利に関する条約の精神にのっとり，次代の社会を担う全ての
こどもが，生涯にわたる人格形成の基礎を築き，自立した個人としてひとしく健やかに
成長することができ，こどもの心身の状況，置かれている環境等にかかわらず，その権
利の擁護が図られ，将来にわたって幸福な生活を送ることができる社会の実現を目指し
て，こども施策を総合的に推進する。

基本理念
① 　全てのこどもについて，個人として尊重されること・基本的人権が保障されるこ
　と・差別的取扱いを受けることがないようにすること
② 　全てのこどもについて，適切に養育されること・生活を保障されること・愛され保
　護されること等の福祉に係る権利が等しく保障されるとともに，教育基本法の精神に
　のっとり教育を受ける機会が等しく与えられること
③ 　全てのこどもについて，年齢及び発達の程度に応じ，自己に直接関係する全ての事
　項に関して意見を表明する機会・多様な社会的活動に参画する機会が確保されること
④ 　全てのこどもについて，年齢及び発達の程度に応じ，意見の尊重，最善の利益が優
　先して考慮されること
⑤ 　こどもの養育は家庭を基本として行われ，父母その他の保護者が第一義的責任を有
　するとの認識の下，十分な養育の支援・家庭での養育が困難なこどもの養育環境の確保
⑥ 　家庭や子育てに夢を持ち，子育てに伴う喜びを実感できる社会環境の整備

責務等
○国・地方公共団体の責務
○事業主・国民の努力

基本的施策
○施策に対するこども・子育て当事者等の意
　見の反映
○支援の総合的・一体的提供の体制整備
○関係者相互の有機的な連携の確保
○この法律・児童の権利に関する条約の周知
○こども大綱による施策の充実及び財政上の
　措置等

こども政策推進会議
○こども家庭庁に，内閣総理大臣を会
　長とする，こども政策推進会議を設
　置
　①大綱の案を作成
　②こども施策の重要事項の審議・こ
　　ども施策の実施を推進
　③関係行政機関相互の調整　等
○会議は，大綱の案の作成に当たり，
　こども・子育て当事者・民間団体等
　の意見反映のために必要な措置を講
　ずる

（資料）こども家庭庁：こども基本法 概要，2022より作成

図2−5　こども基本法の概要

第Ⅰ部　子ども家庭福祉の今を学ぶ

（6）今後の政策的展開とその課題

　2023（令和5）年6月に「こども未来戦略方針」が閣議決定された。これを受けて「**加速化プラン**」が示され，①若い世代の所得を増やす，②社会全体の構造や意識を変える，③すべてのこども・子育て世帯をライフステージに応じて切れ目なく支援する，以上3点が基本理念として掲げられている。

　同方針では就学前教育・保育にかかわる内容として，未就園児への支援を強化するための「こども誰でも通園制度（仮称）」の創設や，保育所等の職員配置基準の改善（1歳児は6対1から5対1へ，4・5歳児は30対1から25対1へと改善），民間給与動向等をふまえた保育士等のさらなる処遇改善等が盛り込まれている。

　さらに，子どもを性犯罪から守るためのしくみとして，子ども関連業務事業者の性犯罪歴等を確認するための「日本版DBS（Disclosure and Barring Service）」の創設を盛り込んだ「学校設置者等及び民間教育保育等事業者による児童対象性暴力等の防止等のための措置に関する法律」（こども性暴力防止法）が2024（令和6）年6月に成立し，保育所，幼稚園，認定こども園においても，子どもを性暴力から守るために，性被害防止のための取り組みや被害を受けたこどもの保護，さらには職員の性犯罪歴の確認等が義務付けられた。

　● **演習コーナー** ●
・少子高齢化や人口減少によって，社会にどのような影響が生じるのか，身近な事例を挙げて話し合ってみよう。
・次世代育成支援対策推進法に基づく一般事業主行動計画の例として，身近な企業を取り上げ，どのような取り組みがなされているのかを調べてみよう。
・自分の住んでいる地域では，どのような「地域子ども・子育て支援事業」が行われているのかを調べ，地図上に示してみよう。

引用文献
1）内閣府編：男女共同参画白書 令和4年版，2022，p.12
2）同上書，p.8

第2章●子どもと子育て支援

3）文部科学省：令和5年度 公立学校における日本語指導が必要な児童生徒の受入状況等に関する調査結果，2024，p.3

参考文献

・池田賢市：子どもの権利条約とこども基本法，労働教育センター編集部編：女も男も─自立・平等─，141，労働教育センター，2023，pp.4－9
・厚生労働省：母子保健行政の動向，2023
・こども家庭庁：学校設置者等及び民間教育保育等事業者による児童対象性暴力等の防止等のための措置に関する法律（令和6年法律第69号）の概要，2024
・全国保育士養成協議会監修：ひと目でわかる保育者のための子ども家庭福祉データブック2023，中央法規出版，2023
・内閣官房こども未来戦略会議：こども未来戦略方針〜次元の異なる少子化対策の実現のための「こども未来戦略」の策定に向けて〜，2023
・内閣府編：少子化社会対策白書〔各年版〕
・内閣府編：令和4年版 子供・若者白書，2022
・那須ダグバ潤子・松本佳大・市川徳子：外国出身保護者が保育所で感じる困難さ─保育所の情報提供に関する現状と課題─，京都橘大学研究紀要，49，pp.289－305
・平野祐二：こども家庭庁，発足─子どもの権利に根差した子ども施策の推進を，労働教育センター編集部編：女も男も─自立・平等─，141，労働教育センター，2023，pp.10－16
・文部科学省：外国人児童生徒等教育の現状と課題（令和4年度 文化庁日本語教育大会資料）
・和田上貴昭：外国にルーツのある保護者への支援─保育所保育士の調査から─，子ども家庭福祉学，21，pp.1－10

第 I 部　子ども家庭福祉の今を学ぶ

第3章　子どもと保育

● ● アウトライン ● ●

1．親の就業状況と保育ニーズ

要　点

◎女性の就労割合の増加がきっかけとなり，保育の需要が増加してきた。

◎国は保育所の整備，保育サービスの多様化，子育て支援サービスの展開などにより，保育の需要に対応してきたものの，待機児童の増加が大きな社会問題となった。

キーワード

女性の就労　男女雇用機会均等法　保育サービスの多様化　待機児童問題

2．多様化する保育ニーズと保育サービス

要　点

◎保育ニーズは親のニーズであり，保育が提供されることで副次的に子どもの権利が守られる。

◎子育て世帯の保育ニーズの変化により，保育に求めるものが変化し，多様化していった。特に子ども子育て支援新制度以降，ニーズの多様化に対応するさまざまな保育サービスが展開されるようになった。

キーワード

保育ニーズ　養護　教育　子ども・子育て支援新制度　施設型給付
地域型保育給付　保育の必要性

3．さまざまな保育サービス

要　点

◎現在の保育サービスは，公的なものとしては施設型保育事業，地域型保育事業などを中心に整備されており，それ以外にも認可外保育施設の展開もみられる。

◎少子化による需要の減少，障害や外国にルーツのある子どもの保育，人口減少など，保育は新たな課題に対処していく必要がある。

キーワード

保育所　幼保連携型認定こども園　地域型保育事業　家庭的保育　小規模保育
居宅訪問型保育　事業所型保育　一時預かり事業　病児保育事業
放課後児童健全育成事業　認可外保育施設　配慮が必要な子ども
こども誰でも通園制度

第3章●子どもと保育

1──親の就業状況と保育ニーズ

（1）女性の就業状況の変化

　保育所は児童福祉施設として，「児童福祉法」制定当初から2014（平成26）年の法改正まで，「保育に欠ける」子どもたちが利用する施設であった。「保育に欠ける」とは，日中，親が稼働するなどの理由で養育を行えない状態を指す。子どもだけを家に放置するのは安全上，そして発達上，適切ではないので，日中の子どもの保育を福祉サービスとして保育所が担うのである。この点は学校として位置づけられている幼稚園との大きな違いである。そのため，保育施策は子育て家庭の就労状況と深くかかわっている。日本では，「男は仕事，女は家庭」という性別役割分業意識がいまだに強く残っているため，保育施策は女性の就労状況により大きく変化してきた。

　女性労働者数は，高度経済成長期に急増した。1984（昭和59）年の女性雇用者数は，1,500万人を超え，1960（昭和35）年の2倍となった。また，継続就業の意識も高まり，結婚，出産，育児期を通して働く女性が増えていった。しかしながら女性には「労働基準法」で，時間外労働の制限や深夜業の原則禁止など，男性と異なる法規制があった。背景には依然として性別役割分業意識が強かったことが影響している。そのため当時は常勤職が少なく，パートなどで稼動する女性が多く，家計における補助的な役割を果たしていた。一方，国際的な動きとして，1975（昭和50）年の国際婦人年，1979（昭和54）年の女子差別撤廃条約採択など，国際的な女性の地位向上に向けた動きが活発化していた。こうした動きを受け，1985（昭和60）年に**「男女雇用機会均等法」**（雇用の分野における男女の均等な機会及び待遇の確保等女子労働者の福祉の増進に関する法律）が成立した（現在は「雇用の分野における男女の均等な機会及び待遇の確保等に関する法律」）。

　女性も男性と同じように働く環境を後押しする法律ができ，徐々にだが女性の働き方は変わり，家庭の状況にも変化を与えた。当時は，夫が働いて収入を得て，妻は専業主婦，子どもは2人の4人世帯という「標準世帯」が一般的な家族形態であった。そのため国は，家計に関する税金や社会保障の計算に，「標

27

第Ⅰ部 子ども家庭福祉の今を学ぶ

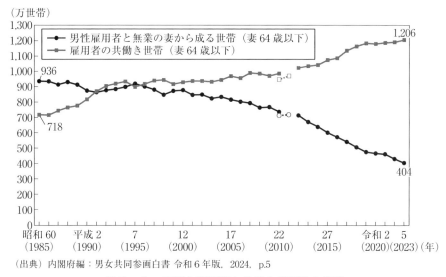

（出典）内閣府編：男女共同参画白書 令和6年版, 2024, p.5

図3―1　専業主婦世帯と共働き世帯数の推移

準世帯」をモデルケースとして用いていた。しかし図3―1にみられるように1990年代には専業主婦のいる家庭と共働き家庭の割合は逆転し，女性も男性も同様に働くのが一般的になっていった。第一子出産により仕事を退職する女性の割合も徐々に減少し，育休をとって就労を継続する割合は1985―1989年の5.5％から，2015―2019年には42.6％まで増加している（図3―2）。

　このように日本において女性が就労することが一般的な事柄となり，出産後も仕事を続ける女性が多くなっているため，高度経済成長期とは異なる子育てを支えるしくみが求められるようになっていった。

（2）親の就業状況と保育

　子育て中の女性の就労割合が高まる中，保育所利用を希望する子育て家庭の割合は増加していった。国は1990（平成2）年のエンゼルプラン（第2章参照）以降，保育および子育て支援サービスの充実に取り組んだ。またより利用しやすくするために，1997（平成9）年の「児童福祉法」改正の際には利用方式が変更された。1990年代後半から2000年代初めは第二次ベビーブーム時に生

第3章 子どもと保育

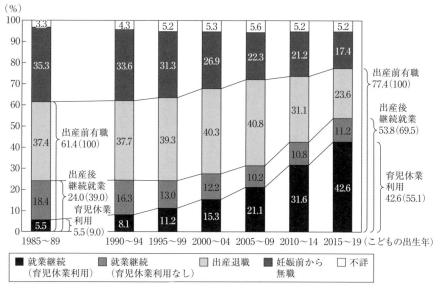

(注) 図中の（ ）内の数値は出産前に就業していた妻に対する割合。
(出典) 国立社会保障・人口問題研究所：第16回出生動向基本調査（夫婦調査）報告書，2021

図3―2　第1子出産前後の女性の就業率

まれた世代が結婚，出産をする時期にあたるため，これらの取り組みの重要性は高かった。しかしながら合計特殊出生率は2005（平成17）年まで減少傾向を続けた（第2章 図2―1参照）。少子化による労働人口の減少は，国にとって重要な事柄であるため，少子化対策は継続されることとなった。国は親の働き方に対する取り組みとともに，保育サービスにも力を入れ，その供給の量と多様さを増していくこととなった。

この時期，大きな社会問題になったのが**保育所待機児童問題**である。女性の就労数の増加に伴う保育所利用希望数（需要）の増加に保育所等の定員数（供給）が追いつかず，また子育て家庭が望む地域に適切に保育所が設置されていない状況や，保育所の急増に保育士が足りない「保育士不足」の状況などにより生じたといわれる。そもそも市町村は，保護者の労働や疾病等により，その子どもの保育が必要になった場合には保育所等において保育する義務を負う（「児童福祉法」第24条）ため，保育所等の整備が必要である。2000（平成

12)年には、「社会福祉法」改正により、保育所の運営について、民間企業など社会福祉法人以外の参入が認められ、企業が運営する保育所の増加もあったが、十分な供給数を満たすのには時間がかかった。

2016（平成28）年には、ネット上に投稿された「保育園落ちた日本死ね!!!」が話題になった。国は保育サービスの充実に取り組んでいるものの、その供給は需要に見合ったものになっていないことが問題視された。この投稿における「一億総活躍社会じゃねーのかよ。昨日見事に保育園落ちたわ。どうすんだよ私活躍出来ねーじゃねーか」という内容にもみられるように、就労と保育が密接であると社会的に認識されていることがわかる。その後、国は「子ども・子育て支援新制度」により、保育所以外の保育サービスである**「認定こども園」**を創設させるとともに、地域型保育事業の充実に取り組み、供給量を増やしていき（図3－3）、2022（令和4）年には全国の待機児童数は3,000人を切るまでになった。

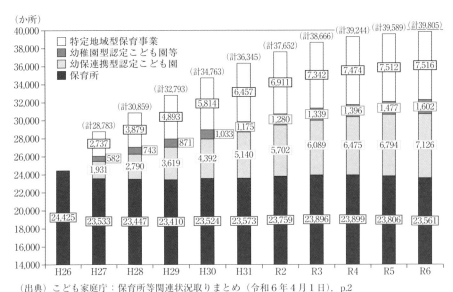

（出典）こども家庭庁：保育所等関連状況取りまとめ（令和6年4月1日），p.2

図3－3　保育所等数の推移

第3章●子どもと保育

2──多様化する保育ニーズと保育サービス

（1）保育ニーズ

　保育とは，子どもをまもり育てることである。そのために発達に応じたかかわりや環境を提供する。一般的に乳幼児を対象として用いられるが，**学童保育**（放課後児童健全育成事業）のように，就学後の子どもを対象に用いられることもある。主に保育所等において提供される事柄を指す。「**保育所保育指針**」では保育所の保育について，「保育に関する専門性を有する職員が，家庭との緊密な連携の下に，子どもの状況や発達過程を踏まえ，保育所における環境を通して，養護及び教育を一体的に行うことを特性としている」（第1章1（1）保育所の役割　イ）と記されている。保育における「養護」とは，子どもの生命の保持および情緒の安定を図るために保育士等が行う援助やかかわりであり，「教育」とは，子どもが健やかに成長し，その活動がより豊かに展開されるための発達の援助である（「保育所保育指針」第2章 保育の内容）とされている。また，適切な保育を提供するために，保護者への援助も保育所における保育の役割であると記されている。

　一方，保育ニーズとは，保育を必要とする子どもを育てる親などの保護者が，求める保育のあり方を指す。保育所等における保育を希望することだけでなく，保育の内容や利用時間，子どもの状況など，その内容は多岐にわたる。保育ニーズが満たされることにより副次的に子どもの権利が守られるが，一般的に保育ニーズは，親のニーズとして理解される。これまで見てきた通り，親の就労等により主に日中子どもの養育を担うことができない場合に保育ニーズは発生するが，就労時間による利用時間の希望だけでなく，近年は子どもが病気の際の保育や，一時的な預かりの希望など，ニーズは多様化している。

（2）子ども・子育て支援新制度以降の取り組み

1）新制度によるしくみの変更

　現在の保育施策の基盤となるのは2015（平成27）年に開始された「**子ども・子育て支援新制度**」である。この制度により，保育のしくみが変更された。

31

第Ⅰ部●子ども家庭福祉の今を学ぶ

　従来の保育所，幼稚園，認定こども園は，「子ども・子育て支援制度」において教育・保育施設と位置づけられ，公的財政支援が共通となった。利用者が施設や事業を利用した際に受けられる給付のしくみとして，子どものための教育・保育給付（「**施設型給付**」および「**地域型保育給付**」）が創設された。施設型給付は，それまでばらばらであった幼稚園，保育所，認定こども園に対しての公的財政支援を一本化したものである。地域型保育給付は，地域の実情に応じた小規模保育施設を拠点化することにより，地域の子育て支援機能を維持・確保することを目的として創設された地域型保育事業を利用した際に給付が受けられる。また，施設型給付費等の支給を受ける子どもの認定区分が3つ設けられ，これに従って施設型給付等が行われることとなった。

2）保育の必要性

　保育ニーズの多様化により，保育所等を利用できる要件は保育に欠ける状態から，保育を必要とする乳児・幼児への変更されることとなった。具体的には，下記の事由のいずれかに該当している必要がある。①就労（フルタイムのほか，【パートタイム，夜間，居宅内の労働など】），②妊娠，出産，③保護者の疾病，障害，④同居または長期入院等している親族の介護・看護，⑤災害復旧，⑥【求職活動（起業準備を含む）】，⑦【就学（職業訓練校等における職業訓練を含む）】，⑧【虐待やDVのおそれがあること】，⑨【育児休業取得中に，既に保育を利用している子どもがいて継続利用が必要であること】，⑩その他，上記に類する状態として市町村が認める場合である。このうち，【　】内に示されているものが新たに加わったものである。

3）幼児教育・保育の無償化

　2019（令和元）年10月より，満3歳になった後の4月1日から小学校入学前までの3年間（幼稚園は入園できる時期に合わせて満3歳から），幼稚園，保育所，認定こども園等を利用するすべての子どもの利用料が原則，無償化された（幼稚園は月額上限あり）。また0〜2歳までの子どもの利用料は，住民税非課税世帯を対象に無償化された。企業主導型保育事業，幼稚園の預かり保育，認可外保育施設等を利用している場合も，一定の条件をもとに無償化された。

第3章●子どもと保育

3．さまざまな保育サービス

（1）施設型保育事業

1）保　育　所

保育所は，「児童福祉法」第39条に規定される児童福祉施設であり，保育を必要とする乳児・幼児を日々保護者の下から通わせて保育を行うことを目的とする施設である。また特に必要があるときは，保育を必要とするその他の児童を日々保護者の下から通わせて保育することができるとされている。

2）幼保連携型認定こども園

幼保連携型認定こども園は，児童福祉法第39条の2に規定される児童福祉施設であり，同時に学校としての位置付けをもつ。義務教育およびその後の教育の基礎を培うものとしての満3歳以上の幼児に対する教育および保育を必要とする乳児・幼児に対する保育を一体的に行い，これらの乳児または幼児の健やかな成長が図られるよう適当な環境を与えて，その心身の発達を助長することを目的とする施設である。設置主体は国，自治体，学校法人，社会福祉法人のみとされている。

認定こども園には4つの類型があり，**幼保連携型**以外に，**保育所型，幼稚園型，地方裁量型**がある。幼保連携型が幼稚園的機能と保育所的機能の両方の機能を併せもつ単一の施設であるのに対して，保育所型は，保育所が保育を必要とする子ども以外の子どもを受け入れるなど，幼稚園的な機能をもつ施設である。幼稚園型は，認可幼稚園が，保育が必要な子どものための保育時間を確保するなど，保育所的な機能をもつ施設で，地域裁量型は，幼稚園と保育所のいずれの認可もない地域の教育・保育施設が，認定こども園として必要な機能をもつ施設である。

（2）地域型保育事業

1）家庭的保育

家庭的保育事業とは，児童福祉法第6条の3第9項に規定された児童福祉事業である。満3歳未満の「保育を必要とする乳児・幼児」を対象に，家庭的保

33

育者の居宅等において，家庭的保育者による保育を行う事業である。家庭的保育者とは，市町村長が行う研修を修了した保育士等である。利用定員は5人以下とされている。状況によっては満3歳以上の子どもも対象となる。

2）小規模保育

小規模保育事業とは，児童福祉法第6条の3第10項に規定された児童福祉事業である。満3歳未満の「保育を必要とする乳児・幼児」を対象に，保育を行う事業である。利用定員は6人以上19人以下であるものに限るとされている。状況によっては満3歳以上の子どもも対象となる。

3）居宅訪問型保育

居宅訪問型保育事業とは，児童福祉法第6条の3第11項に規定された児童福祉事業である。満3歳未満の「保育を必要とする乳児・幼児」を対象に，保育を必要とする乳児・幼児の居宅において家庭的保育者による保育を行う事業である。状況によっては満3歳以上の子どもも対象となる。

4）事業所型保育

事業所内保育事業とは，児童福祉法第6条の3第12項に規定された児童福祉事業である。満3歳未満の「保育を必要とする乳児・幼児」を対象に，親の勤める会社等により設置された保育を実施する施設である。状況によっては満3歳以上の子どもも対象となる。

（3）その他の保育サービス

1）一時預かり事業

一時預かり事業とは，児童福祉法第6条の3第7項に規定された児童福祉事業である。「家庭において保育を受けることが一時的に困難となつた乳児又は幼児」，「子育てに係る保護者の負担を軽減するため，保育所等において一時的に預かることが望ましいと認められる乳児又は幼児」を対象として，主として昼間において，保育所等において，一時的に預かり，必要な保護を行う事業をいう。

2）病児保育事業

病児保育事業とは，児童福祉法第6条の3第13項に規定された児童福祉事業である。「保育を必要とする乳児・幼児又は保護者の労働若しくは疾病その他

第3章　子どもと保育

の事由により家庭において保育を受けることが困難となつた小学校に就学している児童であつて，疾病にかかつているものについて，保育所，認定こども園，病院，診療所その他内閣府令で定める施設において，保育を行う事業をいう」とされている。

3）放課後児童健全育成事業

放課後児童健全育成事業とは，児童福祉法第6条の3第2項に規定された児童福祉事業である。小学校に就学している子どもを対象として，その保護者が労働等により昼間家庭にいない場合に，授業の終了後に小学校の空き教室や児童厚生施設等の施設を利用して，適切な遊びおよび生活の場を提供し，その健全な育成を図る事業をいう。一般的に「**学童保育**」や「**放課後児童クラブ**」などと称されている。

保育所の需要の増加に伴い，就学後に保育を必要とする小学生も増え，近年，放課後児童健全育成事業の需要も増加している。

（4）認可外保育施設

これまで紹介してきた保育サービスは，すべて児童福祉法などの法律の規定にのっとり認可等を受けて設置されているものであるが，それ以外でも保育サービスを提供する施設がある。こうした施設を**認可外保育施設**という。認可外保育施設は，児童福祉法に基づく認可を受けていない保育施設のことで，「**認証保育所**」などの自治体独自の保育事業の施設も対象に含まれる。

保育ニーズの多様化に対しては，法律に縛られないために柔軟に対応できるという利点がある。一方で自治体の事業でない場合には，公的資金が得られないために保育料は高くならざるを得ない。また，保育士等の配置が十分でない施設もあり，不適切な保育が生じることもある。そのため子どもに対する不利益が生じないように自治体による立入調査（指導監査）が行われている。

（5）今後の課題

1）保育サービスの維持と質

少子化の中で子どもの数は大幅に減少している。保育所の待機児童問題は解消に向かっており，今後は，保育サービスの需要数が供給数を下回るようにな

第Ⅰ部　子ども家庭福祉の今を学ぶ

ることが予想される。そこで課題になるのは，人口が減少する地域における保育サービスの維持と保育の質の問題であろう。特に保育の質については，昨今の事故や不適切保育の報道にみられるように，保育士の専門性や組織の問題だけでなく，人手不足による保育士の過重な労働環境が背景にある。保育士がいきいきと働ける場の創出が課題となる。

2）多様性への対応

　近年，障害のある子どもや障害の診断を受けていなくても，集団での行動が苦手だったり，コミュニケーションがうまく取れない，いわゆる配慮が必要な子どもたちが増えている。同時に，外国人労働者の増加に伴い，外国にルーツのある子どもたちの利用も増加している。これまでの保育では対応しきれない多様な背景や特徴をもつ子どもたちや保護者への対応が適切に行えるよう，インクルーシブ保育の観点からの取り組みが期待される。

　また，2026（令和8）年度から開始される「こども誰でも通園制度」は保育所等に通っていない満3歳未満の子どもを対象とした新たな保育の取り組みである。保育現場は新たな保育ニーズに対して時代とともに変化していく必要がある。

● 演習コーナー ●

・女性の就労と保育との関係について，自分や身近な知り合いの状況について，具体例を出して話し合ってみよう。

・保育所，幼保連携型認定こども園，小規模保育，家庭的保育，居宅訪問型保育，それぞれの保育の現場における保育士の役割や発揮される専門性の違いについて，話し合ってみよう。

・障害のある子どもたちや，外国にルーツのある子どもたちの保育について，インクルーシブ保育の観点から，どのような取り組みが有効かを調べてみよう。

第Ⅰ部　子ども家庭福祉の今を学ぶ

第4章　子どもと虐待・社会的養護

●●アウトライン●●

1．子どもの養護問題

要　点

◎社会的養護には，公的責任に基づき保護者の適切な養育を受けられない子どもを社会全体で養育することと，養育に困難を抱える家庭への支援を行う2つがある。

◎社会的養護の形態として施設養護・家庭養護に大別されるが，いずれもより家庭に近い環境での養育が目指されている。

キーワード

児童の権利に関する条約　社会的養護　家庭的養育　施設養護　家庭養護
小規模グループケア　グループホーム

2．子ども虐待

要　点

◎子ども虐待は，子どもに対して深刻な影響を及ぼし，緊急かつ継続的な対策が求められる重大な社会問題である。

◎虐待を受けた子どものケアとして，家庭養護や家庭的養護が推進され，支援者にはパーマネンシーを保障する視点が求められる。

キーワード

児童虐待の防止等に関する法律　身体的虐待　性的虐待　ネグレクト　心理的虐待
要保護児童対策地域協議会　オレンジリボン運動　里親　パーマネンシー

3．DVとその防止

要　点

◎DVとは，配偶者や元夫婦，恋人，元恋人間など親密な関係にある，またはあった者の間で振るわれる暴力という意味で使用されることが多い。

◎DVへの対策として，配偶者暴力相談支援センター，シェルター，母子生活支援施設などの各種専門機関や施設を利用することが重要となる。

キーワード

DV防止法　デートDV　配偶者暴力相談支援センター　シェルター
母子生活支援施設

第Ⅰ部●子ども家庭福祉の今を学ぶ

1——子どもの養護問題

（1）社会的養護とは

　世界中のすべての子どもたちがもつ権利を定めた「**児童の権利に関する条約**」（子どもの権利条約）には4つの原則があり，差別の禁止，子どもの最善の利益，生命・生存および発達に対する権利，子どもの意見の尊重が挙げられている。社会的養護は，そのどれにもつながるものであるが，保護者に代わって国や地方自治体が子どもの権利を守るしくみである。

　社会的養護とは，保護者が適切に養育できない子どもを，国や地方自治体が保護し，社会全体で育てるしくみである。また，養育に困難を抱える家庭への支援も，その一環として行われる。

　社会的養護の基本理念として，子どもの最善の利益と社会全体で子どもを育む（**社会的養育**）ということが掲げられている。

　「児童福祉法」の第1条において，適切に養育されること，その生活を保障されること，愛され，保護されること，その心身の健やかな成長および発達ならびにその自立が図られることなどの権利を子どもがもっていることが明示されている。社会的養護は，適切な養育を受けられない子どもに対し，国や自治体が支援する制度である。このため，大人の中には「してあげる」「恵んであげる」と考える人もいるかもしれない。しかし，子どもの視点では，社会的養護は自らの子どもの権利を行使するものであり，当然のことである。大人が「選挙権」を行使して投票するように，子どもが「子どもの権利」を行使し，適切に養育されることを求めるのは，当然であると考えられる。

（2）社会的養護の原理と実際

　社会的養護には，①家庭養育と個別化，②発達の保障と自立支援，③回復を目指した支援，④家族との連携・協働，⑤継続的支援と連携アプローチ，⑥ライフサイクルを見通した支援という6つの原理に基づき，さまざまな支援が行われている。図4－1は，これらの原理に基づく社会的養護の仕組みとして，施設等についてまとめたものである。施設養護と家庭養護の2つに大きく分け

第4章 ●子どもと虐待・社会的養護

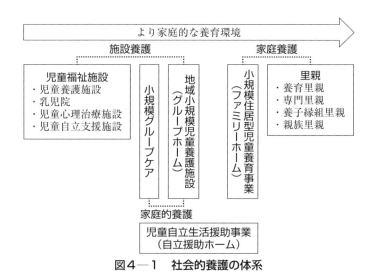

図4-1　社会的養護の体系

られ，近年では，より家庭的な養育環境で子どもが暮らせることを目指していく流れがある。

　子どもたちは施設養護で養育されている割合が多いが，施設養護の中で「家庭的養護」に分類される**小規模グループケア**や**グループホーム**などが整備され，何十人もの子どもが一度に食事をする食堂や，1つの居室に二段ベッドがいくつも配置されているような生活環境ではなく，6人程度の子どもの集団ごとにLDKが配置され，子どもの居室は個室であるなど，より家庭的な生活環境のもとで生活できるように整えられてきている。それに伴い職員配置も増員され手厚いものとなるなど，諸外国と比べて貧しい体制であったのが少しずつ改善されつつある。

　このように，少しずつではあるが社会的養護で生活する子どもたちへの支援の体制が整ってきている。しかし，社会的養護を必要とする児童においては，全体的に障害等のある児童が増加しており，里親においては24.9％，児童養護施設においては36.7％が，障害等ありとなっていることから，環境の充実とともに，支援の質や対応の充実も求められる。

第Ⅰ部●子ども家庭福祉の今を学ぶ

2——子ども虐待

　子どもの虐待は，社会的養護と密接につながる問題で，子どもが措置される
理由はさまざまであるが，子どもの虐待が占める割合は年々増加している。今
節では，虐待の種類とその影響，防止対策，里親，児童養護施設に焦点を当
て，パーマネンシーの理念について解説する。

（1）子ども虐待の種類
　「児童虐待の防止等に関する法律」（児童虐待防止法）において，児童虐待
が4つの分類で定義（**身体的虐待，性的虐待，ネグレクト，心理的虐待**）され
（表4−1），通告義務等が定められた。それ以前は身体的虐待での通告件数
の占める割合が多かったが，「児童虐待防止法」が改正される中で，子どもの
目の前で暴力を振るう**面前 DV** が，子どもへの心理的虐待と定義されたことか
ら，近年では，面前 DV である心理的虐待での通告が多数を占めるようにな
るなどの変化がみられる。

（2）虐待の影響
　虐待が子どもに及ぼす影響は深刻なものがあり，身体的影響として，愛情不
足による成長ホルモンの分泌が阻害された結果としての低身長や学齢期以降で
も夜尿が見られるなどの身体的な発達面の影響がみられる。

表4−1　子ども虐待の分類

身体的虐待	殴る，蹴る，叩く，投げ落とす，激しく揺さぶる，やけどを負わせる，溺れさせる，首を絞める，縄などにより一室に拘束する　など
性的虐待	こどもへの性的行為，性的行為を見せる，性器を触る又は触らせる，ポルノグラフィの被写体にする　など
ネグレクト	家に閉じ込める，食事を与えない，ひどく不潔にする，自動車の中に放置する，重い病気になっても病院に連れて行かない　など
心理的虐待	言葉による脅し，無視，きょうだい間での差別的扱い，こどもの目の前で家族に対して暴力をふるう（ドメスティックバイオレンス：DV），きょうだいに虐待行為を行う　など

（出典）こども家庭庁：児童虐待防止対策（https://www.cfa.go.jp/policies/jidougyakutai）

40

知的発達面への影響では，不適切な養育者の影響で子どもの発達に準じた対応がなされなかった結果として，学校での学習場面で授業中に着席していられないなど学習習慣を身につけていないこともある。

　そして最も深刻な影響として，心理的影響がある。愛着関係を築けなかった結果，無差別的な愛着行動を示したり，虐待的な人間関係を再現しようとしたりするなど，対人関係の問題が挙げられる。次に，感情のコントロールができず些細なことで怒ったり，暴れたりすることや，自尊心が低く，自分が悪い子だから親は叩いたという認識や，他者はみんな暴力をふるうものだという認識，虐待経験から起因する問題行動（例えば，家に食べるものがなく，万引きで空腹を満たしていたことから盗癖になった）などが挙げられる。

　また，2012（平成24）年の日本における児童虐待の社会的コストが，1兆6,000億円であるとの試算も出されている。児童虐待は，子どもに与える深刻な影響だけでなく，社会問題としても甚大な影響を及ぼす早急に解決に取り組むべき重大な社会的課題であるといえる。

　図4－2は，児童虐待の通告件数が年々増加していることを示したものであ

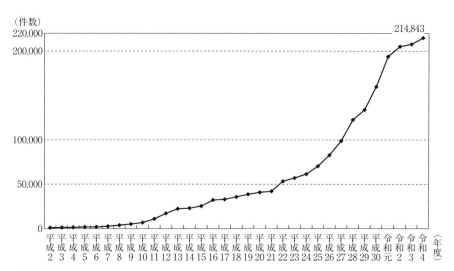

（出典）　厚生労働省資料

図4－2　児童相談所における子ども虐待相談対応件数

第Ⅰ部●子ども家庭福祉の今を学ぶ

る。虐待されている子どもが増えているとも受け取れるが、社会が子ども虐待を認識して、以前であれば通告されなかったケースがきちんと通告されるようになった結果であるとも考えられる。

　虐待は、子どもに対する重大な権利侵害であるだけでなく、社会に及ぼす影響も大きい。虐待から子どもを保護するだけでなく、虐待そのものを予防していく取り組みも重要である。

（3）子ども虐待の防止対策

1）子育て支援策

　虐待予防として、子どもだけでなく家族そのものを支援対象として、専門職や地域が子育てを支援し見守る体制づくりが有効な方策である。妊娠初期から継続的にかかわる施設として、**こども家庭センター**（p.105参照）があり、妊産婦や保護者の相談に対応し、必要な支援へつなぐ役割を担っている。他にも、赤ちゃんが生まれた家庭に保健師や子育て経験者などが訪問し、母子の健康状況を確認して相談支援を行う乳児家庭全戸訪問事業や、育児ストレス等により、子育てに対する不安や孤立感等を抱える家庭に対して、子育て経験者等が訪問して相談支援する養育支援訪問事業などもある。また、虐待を受けている子どもをはじめとする要保護児童の早期発見や適切な保護を図るために、関係機関が情報を共有し、連携して支援にあたるために**要保護児童対策地域協議会**という仕組みも設けられている。

2）オレンジリボン運動

　オレンジリボン運動は、子育て支援策としてではなく、子ども虐待の防止を目的とした市民運動である。児童相談所虐待相談ダイヤルである189等の広報も担い、子ども虐待の現状を伝え、この問題に広く社会が関心をもってもらうようにイベントやキャンペーン、パンフレットやチラシの配布などさまざまな活動を通じて、子ども虐待のない社会を目指す啓発活動を行っている。

（4）里親・ファミリーホーム

　保護者に代わって養育を担う社会的養護のしくみでは、より多くの子どもが家庭養護の環境で生活できることを推進している。**里親制度**は家庭養護におけ

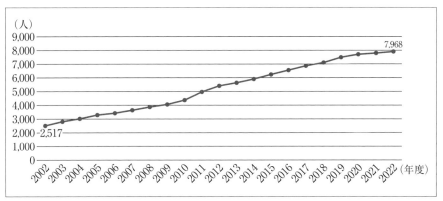

(資料）厚生労働省：福祉行政報告例

図4―3　里親・ファミリーホームへの児童委託数

る重要な役割を担うが，制度がよく理解されていない現状も散見される。里親制度には，養育里親，専門里親，養子縁組里親，親族里親の4種類がある。

　諸外国における里親等委託率と比べた場合，日本の里親の割合は低く，施設養護が大半を担っている。しかし，少しずつではあるが図4―3に示したように里親・ファミリーホームへの委託率が上昇している。

　ファミリーホームは，里親と同じように社会的養護を必要とする子どもを養育者の家庭に迎え入れて養育する。里親だと子どもを4人までしか預かれないのに対し，2名の養育者（夫婦）と補助者1名以上，もしくは養育者1名と補助者2名以上の体制で，子ども5～6人を預かり養育するしくみである。

（5）児童養護施設

　児童養護施設では，社会的養護を必要とする子どもの多くが生活している。虐待を受けた子どもが半数以上を占め，障害のある子どもも増えており，**心理療法担当職員**などの専門的なケアを行う職員が配置されている。近年は入所数が減少し（図4―4），家庭養護の推進や家庭からの分離になる前での支援が充実してきていることが影響している可能性も考えられる。

第Ⅰ部　子ども家庭福祉の今を学ぶ

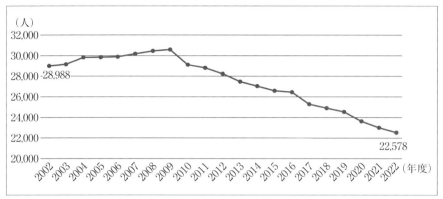

（資料）厚生労働省：福祉行政報告例

図4—4　児童養護施設の入所児童数

（6）パーマネンシー

　パーマネンシーとは，永続性を意味する言葉である。度重なる生活環境の変化や養育者の頻繁な交代が子どもに及ぼす悪影響を最小限にするために，安定した環境で養育されることが子どもには必要であり，パーマネンシーを保障することは，社会的養護の子どもを支援する上で欠かせない視点といえる。

　2017（平成29）年に出された「新しい社会的養育ビジョン」では，社会的養護を必要とする子どもに対して，家庭養護や特別養子縁組による永続的解決（パーマネンシー保障）をより強く推進していく姿勢が示された。おおむね5年以内に，現状の約2倍の年間1,000人以上の特別養子縁組成立を目指すという数値目標も示されたが，2019（令和元）年の711件が最大値となっている。

3── DVとその防止

（1）DVとは

　夫婦間の暴力の問題は，家庭の中の問題としてとらえられることが多かったが，今日では重大な社会問題として認識されつつある。夫婦喧嘩というような喧嘩で済まされないような暴行，傷害事件が起きているが，よその家の話だからと介入が何もなされなかった結果，命を落とすような事件も起きている。

第4章●子どもと虐待・社会的養護

2001（平成13）年に「**配偶者からの暴力の防止及び被害者の保護等に関する法律**」（DV防止法）が制定され，**ドメスティック・バイオレンス**（Domestic Violence）という言葉が広く周知された。略して「DV」と呼ばれることも一般的になり，恋人間の暴力の問題は「デートDV」と表現されることもある。

DVとは，配偶者や元夫婦，恋人，元恋人間など親密な関係にある，またはあった者の間で振るわれる暴力という意味で使用されることが多い。「DV防止法」では配偶者や元夫婦間の暴力のみを対象とし，恋人，元恋人間の暴力は対象とされていない。しかし，恋人間や元恋人間の暴力でも深刻なケースが起きており，繰り返される暴力の問題への対応として，「刑法」や「ストーカー行為等の規制等に関する法律」などで問題の解決にあたることがある。

DVの問題では，被害者が女性であることを前提に考える人が多いかもしれないが，「DV防止法」では，被害者を女性とは限定せず，女性に比べると少数ではあるが，男性の被害者も存在する。2020（令和2）年度の内閣府の調査によると，女性の約4人に1人，男性の約5人に1人が配偶者から暴力を受けたことがあり，女性の約10人に1人は，何度も被害を受けているという結果であった。

DVにおける暴力は，「DV防止法」に提示されたもの以外にも，さまざまな形態がある。表4—2にDVにおける暴力の形態とその内容について示す。

表4—2　DVの形態と内容

身体的な暴力	平手で打つ。足で蹴る。身体を傷つける可能性のあるもので殴る。首を絞める。物を投げつける。
精神的な暴力	大声で怒鳴る。日常的にののしる。無視する。他人の前で欠点をあげつらう。「誰のおかげで生活できるんだ」「かいしょうなし」などと言う。終始行動を監視する。別れるなら死ぬと狂言自殺する。子どもや身内に危害を加えると脅す。
性的な暴力	見たくないのにポルノビデオやポルノ雑誌をみせる。いやがっているのに性行為を強要する。中絶を強要する。避妊に協力しない。経済的にも苦しい状況での多産も性的な暴力ととらえることもある。
経済的な暴力	仕事を制限する。生活費を入れない。家の金を持ち出す。無計画な借金を繰り返す。
社会的隔離	配偶者の家族や友人から隔離する。電話や手紙の発信者および内容を執拗に知りたがる。携帯電話を取り上げる。外出をさせない。

第Ⅰ部●子ども家庭福祉の今を学ぶ

　DVは，暴力の問題だけでなく，被害者に様さまざまな々な影響を及ぼしている。最も多い精神健康障害は，うつやPTSD（心的外傷後ストレス障害）などの症状で，他にも不安障害，身体化障害などが被害者によくみられる。これらの症状に加えて，経済的な不安や，暴力から逃れても加害者から居所を探り当てられる不安なども抱えている。DVの問題は，個人で解決することは難しく，社会全体で解決を図る必要がある。

（2）DVへの対処

　DVの解決策として，加害者と別れればよいという単純な解決策を考えるかもしれないが，DVの解決において考慮する必要があることは単純な暴力行為だけではなく，暴力の合間に見せる「見せかけのやさしさ」についての理解が重要となる。被害者は，加害者を怒らせないように振る舞えば，それ以外では加害者は親切であるという反応や，加害者が暴力行為をした後に被害者に泣いて謝り，二度としない，許してほしいと懇願されることが繰り返され，その度に相手を信じようとする反応があり，信頼の再生産というものが起こるといわれている。このような状況になると，暴力を振るうような相手とは別れたほうがよいと周囲が勧めたとしても，別れられないだけでなく，暴力を振るわれたとしても「好きで一緒にいるんでしょ」というように周囲の人が考え，本来なら支援してくれるはずの人との人間関係を失っていくこともある。このような反応が起こりやすいことも支援者として求められる知識となる。

　DVへの対応として，配偶者暴力相談支援センター，シェルター，母子生活支援施設などの各種専門機関や施設を利用することも重要となる。

　配偶者暴力相談支援センターは，地域によって女性相談センターなどと呼称される場合や，婦人相談所の機能をもつ場合もある。センターでは，相談や相談機関の紹介，カウンセリング，被害者および同伴者の緊急時における安全の確保および一時保護，自立した生活を促進するための情報提供その他の援助，被害者を居住させ保護する施設の利用についての情報提供その他の援助，保護命令制度の利用についての情報提供その他の援助が提供されている。

　シェルターは，DVからの緊急避難として一時保護のできる場所であり，母子生活支援施設や，民間で運営しているNPOなどの施設がある。加害者から

被害者を守るため，所在地などが秘匿されていることもある。入所した後に各種の支援機関と連絡を取り，被害者の支援にあたる。

母子生活支援施設は，DVからのシェルターとしての機能だけでなく，18歳未満の子どもを養育している母子家庭，または何らかの事情で離婚の届出ができないなど，母子家庭に準じる家庭の女性が，子どもと一緒に利用できる施設である。入所理由は，DVをはじめとして，住宅事情，経済事情などがある。心理療法担当職員が配置されている施設もあり，居場所の提供のみならず心理的な支援，経済的な支援などさまざまな支援が行われている。

（3）DV解決への課題

DVへの対処として，法制定をはじめとして様々な制度や施設が整備されてきているが，この問題の解決にあたっては課題も多い。

DV加害者と離別しようとしても強引に連れ戻されるケースや，女性が被害者となった場合，専業主婦などで女性側の経済力の乏しさゆえに，離別後に子どもともに生活していくことの難しさを想像して別れることができないと考えてしまうことや，暴力そのもののもつ依存的構造（共依存など）などのために，自分さえ相手を怒らせないように気をつけていれば大丈夫，などと被害者が我慢することで，DVの継続を助長してしまうこともある。

また，秘匿しておくべき機関である役所や警察などの公的機関が，DV被害者の連絡先・住所等の情報を，DV加害者からの求めに応じて伝えてしまうことや，過失によって伝えてしまうケースなどがある。その結果，加害者が被害者の元に押し掛け，最悪の場合には殺人に発展してしまうことも起きている。

さらに，子どもがいる場合，離別した後の親権や養育費の問題がある。親権については近年，どちらか1人の親が親権をもつのではなく，子どもを養育する義務の問題から**共同親権**を導入する動きがある。しかし，DVの問題による離別においては，離別して別れて暮らす親との面会時に子どもが殺されてしまい，その殺した親も自殺するという事件も起きており，安易に共同親権を認めることは子どもにとってもリスクが高い。共同親権の導入を考える上で，離別の理由に暴力がある場合は，共同親権を認めないしくみも求められる。

次に離別後の養育費の支払いの問題が挙げられる。すでに離婚届の用紙に養

育費の支払いについての項目が設けられるなどの工夫は行われているが，実際には多くの場合，きちんと支払われていない現状がある。養育費の滞納があった場合に，強制執行によって滞納している相手の財産を差し押さえ，強制的に未払いの養育費を回収することが可能であるが，そのためには相手の財産の把握をする必要があり，適用するためのハードルが高く泣き寝入りすることが多かった。そのため，法改正により相手の財産の把握などが容易になり，養育費の支払い義務をきちんと履行される環境が整えられることになった。

　今後は，離婚後でも養育費の取り決め等を調整できる制度の創設など，両親がともに子育ての責任と義務を負う制度が求められ，少しずつ整備されつつある。しかし，DVなどの問題を抱えていた場合，先述したようなリスクもあり，丁寧かつ子どもの最善の利益を前提とした制度運用が求められている。

　また，DVの解決にあたっては，被害者だけでなく加害者への支援も重要である。近年では，加害者への治療プログラムも提供され始めている。加害者によっては，受講する動機が乏しいことから受講者数は多くないが，気軽に受講できるようにするなど，受講を進めるしくみづくりも重要となってくる。

● **演習コーナー** ●
・子ども虐待の対策について話し合ってみよう。
・DV被害者への支援について調べてみよう。

参考文献
・西澤哲：トラウマの臨床心理学，金剛出版，1999
・厚生労働省：「新しい社会的養育ビジョン」について，2017
・内閣府男女共同参画局：配偶者からの暴力被害者支援情報（https://www.gender.go.jp/policy/no_violence/e-vaw/index.html）
・厚生労働省：e–ヘルスネット「ドメスティック・バイオレンス（DV）と心身の健康障害」（https://www.e-healthnet.mhlw.go.jp/information/heart-summaries/k-06）

第Ⅰ部　子ども家庭福祉の今を学ぶ

第5章　子どもと障害

●●アウトライン●●

1．保育者が障害についてなぜ学ぶ必要があるのか

要点

◎身体的な障害や知的な障害は比較的理解されやすいが，発見や診断が難しい発達障害や「気になる子」も注目されている。

キーワード

気になる子　発達障害

2．障害について

3．障害のある子どもの状況

要点

◎法的な分類として，障害には身体障害・知的障害・精神障害があり，程度に応じた手帳が交付される。発達障害については精神障害の中に位置付けられている。

◎2022（令和4）年における在宅の身体障害のある子どもは9万6,000人，知的障害のある子どもは28万2,000人である。

キーワード

ICF　環境因子　身体障害　知的障害　精神障害　発達障害
自閉スペクトラム症（ASD）　限局性学習症（SLD）
注意欠如・多動症（ADHD）　重症心身障害児

4．障害のある子どもへの施策と福祉サービス

5．障害のある子どもと家族への支援

要点

◎障害者への福祉サービスは，障害者総合支援法に基づいて展開され，子どもに対しては施設等への入所・通所，保育所への訪問，相談支援，小児慢性特定疾病に関する支援などがある。経済的な支援としては，医療費の給付や特別児童扶養手当，障害児福祉手当などがある。医療的ケア児についても支援が法制化された。

◎障害のある家族に対しては，子どもの障害への受容，抱える負担などについて，気持ちに寄り添って支えていく必要がある。

キーワード

障害者総合支援法　障害児入所施設　児童発達支援センター　放課後等デーサービス　居宅訪問型児童発達支援　保育所等訪問支援　地域生活援助事業　養育医療　自立支援医療　特別児童扶養手当　医療的ケア児　障害の受容

49

第Ⅰ部●子ども家庭福祉の今を学ぶ

1──保育者が障害についてなぜ学ぶ必要があるのか

　「障害」と一言でいっても，さまざまな種類がある。比較的障害が理解されやすいのは身体的な障害や，知的な発達の遅れなどの障害であるが，近年，乳幼児期には発見することが難しいとされている発達障害などが注目されている。保育現場では，落ち着きがない，友だちとうまく遊べない，会話が成り立たない，体の動きがぎこちない，同年齢の子どもと比較してこだわりの傾向が強いなどの行動をとる子どもがいる。このような子どもたちは，これまで保育現場では**気になる子**と呼ばれてきた。この「気になる子」の中には，発達障害がみられることがしばしばある。こうした中で，保育者には，障害のある子どもやその家族を支援していく役割が求められている。

　一方，保育士になるために必要な保育実習は，障害のある子どもの施設で実施することがある。これは，保育士は保育所だけでなく，障害のある子どもの施設で働くことができるからである。そのため，障害のある子どもの理解や家庭支援について学ぶことは必要不可欠なのである。

2──障害について

（1）障害の表記

　保育者がかかわる障害のある子どもは，どのような子どもたちであろうか。そもそも障害とはどのようにとらえられているのか，最近では「障害」と表記せずに「障碍」「障がい」と表記している人や自治体もある。

　法律では，「障害」と記されているため，本書でも「障害」の表記を用いるが，現在では行政機関でも「障がい」と表記されることも増えてきた。単にひらがなで表記するという問題にとどまることなく，その背景にある「障害」のとらえ方にも影響されているとも考えられる。「障害」について一人ひとりが考えていくことを問われているといえる。

50

（2）障害のとらえ方

WHO（世界保健機関）により，2001年に人間の健康状態の枠組みである国際生活機能分類（**ICF**：International Classsification of Functioning）が示された（図5－1）。これは，人の健康状態を「心身機能・身体構造」「活動」「参加」の3つの側面からとらえ，さらに「環境因子」「個人因子」がどのような影響をそれらの側面に与えるのかを探ることを目的にしたものである。注目すべき点は，「環境因子」に視点をおいている点であり，生活していく上で起きる個人の困難を本人の問題だけでなく，本人の課題と周囲の課題とに分けて分類していることである。これまでは体が不自由であることや，脳に障害があるといったことが原因であるといった個人の問題として障害をとらえる医学モデルであったが，ICFは社会の環境側（社会とのかかわり合いの中）に障壁があるとの考えを示している。つまりICFの考え方は，障害のある人もない人も，同じ市民であり生活者であるという認識を促した点において画期的である。また，個人因子のみならず，環境因子である人々の意識的環境や制度的環境，生活情報や福祉サービスなどといった面が重要であると着目している。

（3）障害の定義

「児童福祉法」第4条第2項では，「身体に障害のある児童，知的障害のある児童，精神に障害のある児童（発達障害者支援法第2条第2項に規定する発

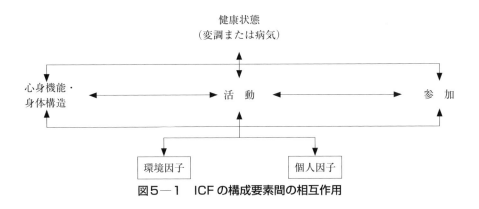

図5－1　ICFの構成要素間の相互作用

達障害児を含む。）又は治療方法が確立していない疾病その他の特殊な疾病で
あつて障害者の日常生活及び社会生活を総合的に支援するための法律第4条第
1項の政令で定めるものによる障害の程度が同項の主務大臣が定める程度であ
る児童」を障害児と定義しており，3つの障害と難病のある子どもが対象とな
る。

1）身体障害

　身体に障害のある者とは，「身体障害者福祉法」第4条の規定により，身体
上の障害がある18歳以上の者であり，身体障害者手帳の交付を受け，社会福祉
サービスを利用することが可能である。**身体障害**は「視覚障害」「聴覚または
平衡機能の障害」「音声機能，言語機能，咀嚼機能の障害」「肢体不自由」「重
篤な心臓，じん臓，呼吸器機能などの内部障害」とされている。

2）知的障害

　知的障害については，明確な法的定義は存在しないが，厚生労働省の「知的
障害児（者）基礎調査」の中で「知的機能の障害が発達期（おおむね18歳ま
で）にあらわれ，日常生活に支障が生じているため，何らかの特別の援助を必
要とする状態にあるもの」とされている。また知的障害の判断基準には，知能
検査（ウェクスラーまたはビネー）による測定結果が知能指数70までのものと
されている。知的障害がある子どもは**療育手帳**が交付される。手帳が交付され
るための判定には，先に述べた知能指数，発現時期，日常生活能力の状況（自
立機能，運動機能等）が総合的に判断される。日常生活能力は，自立機能，運
動機能，意思交換，探索操作，移動，生活文化，職業等の到達水準が総合的に
同年齢の日常生活水準の判定基準により，日常生活がどの程度可能か判断され
る。

3）精神障害と発達障害

　精神障害は，「精神保健及び精神障害者福祉に関する法律」では，「統合失調
症，精神作用物質による急性中毒又はその依存症，知的障害，精神病質その他
の精神疾患を有する者」と定義されている。「障害者基本法」では，「精神障害
者」は「精神障害があるため，継続的に日常生活又は社会生活に相当な制限を
受ける者」とされている。精神障害がある人には精神障害者保健福祉手帳が交
付される。

第5章 ●子どもと障害

　精神障害の中に位置づけられる**発達障害**は，「発達障害者支援法」第2条に
「自閉症，アスペルガー症候群その他の広汎性発達障害，学習障害，注意欠陥
多動性障害その他これに類する脳機能の障害であってその症状が通常低年齢に
おいて発現するもの」とされている。

　これらの障害のうちどれにあたるのかは，障害の種類を明確に分けて診断す
ることは難しく，それぞれ重なり合っている場合が多い。また年齢や環境に
よって出てくる症状が異なる。

　また，アメリカ精神医学会が2013年に改訂した精神障害の分類『DSM-5』
で，自閉症およびアスペルガー症候群，広汎性発達障害に関しては，自閉スペ
クトラム症（自閉症スペクトラム障害）（Autism Spectrum Disorder；ASD）
に大きく変更された。

　① 　自閉スペクトラム症

　自閉スペクトラム症（ASD）とは，自閉症とその周辺障害であり，程度の
差はあるものの，1つのつながり，つまり虹のような連続体としてとらえるこ
とを意味している。『DSM-5』の自閉スペクトラム症の診断基準では，社会的
コミュニケーションおよび社会的相互作用の持続的な欠陥や行動・関心・活動
における固定的・反復的なパターンの2つを満たし，症状が発達初期から存在
していることなどが挙げられている。

　また，他者とのかかわりが難しく，これらの子どもたちは生きづらさを抱え
ていることが多い。人と視線が合いにくい，周囲への関心が低い，ほしいもの
があるとすぐ取ってしまう，友だちと遊べないなどの場合もあり，人とのかか
わりに特異性や困難性がある。このような状況は，社会生活や日常生活，職業
生活を送る上で大きな障壁となることがある。

　② 　限局性学習症（Specific Learning Disabilities；SLD）

　限局性学習症（SLD）は，学習障害とも呼ばれ，基本的には全般的な知的発
達に遅れはないものの，聞く，話す，読む，書く，計算するまたは推論する能
力のうち，特定のものの習得や使用が著しく困難な状態を指すものである。限
局性学習症は，その原因として，中枢神経系に何らかの障害があると推定され
るが，視覚障害，聴覚障害などの障害や，環境的な要因が直接の原因となるも
のではないとされている。

53

第Ⅰ部●子ども家庭福祉の今を学ぶ

③　注意欠如・多動症（Attention-Deficit Hyperactivity Disorder；ADHD）

注意欠如・多動症（ADHD）とは，年齢あるいは発達に不釣り合いな注意力や衝動性，多動性を特徴とする行動の障害であり，社会的な活動や学業の機能に支障をきたす。また，7歳以前に現れる傾向があり，その状態が継続し，中枢神経系に何らかの要因による機能不全があると推定される。

4）重症心身障害児

重症心身障害児とは，重度の知的障害と重度の肢体不自由が重複した状態の子どもを指している。重症心身障害の原因は，染色体異常，脳の奇形といった出生前の原因や，低酸素症や髄膜炎，低出生体重などの出生後の原因などさまざまである。気管切開，痰の吸引，経管栄養，胃ろうといった医療的ケアが必要となる場合が多い。医療と介護・保育が必要となる。

3──障害のある子どもの状況

（1）身体障害のある子ども

在宅の障害児・者等の生活実態とニーズを把握することを目的とした，厚生労働省の「生活のしづらさなどに関する調査」（全国在宅障害児・者実態調査）によると，2022（令和4）年12月時点における在宅障害児は9万6,000人である（表5－1）。2016（平成28）年12月の調査時点より，2万8,000人増加している。2022（令和4）年の調査では，肢体不自由が55.2％，内部障害16.7％を占めている。

（2）知的障害のある子ども

在宅の知的障害児は2022（令和4）年において28万2,000人である。またそのうち重度の障害程度であるのは，9万6,000人となっている（厚生労働省：生活のしづらさなどに関する調査）。

知的障害は発達期にあらわれることが多い。以前に比べ知的障害に対する認知度が高くなり増加したと考えられる。

第5章●子どもと障害

表5−1　障害の種類別にみた身体障害児数の推移

	総　　数	視　覚障　害	聴　覚・言語障害	肢　体不自由	内　部障　害	重複障害（再掲）
昭和45年10月（'70）	93,800人(100.0%)	7,000人(7.5%)	23,700人(25.3%)	57,500人(61.3%)	5,600人(6.0%)	12,600人(13.4%)
平成３年11月（'91）	81,000人(100.0%)	3,900人(4.8%)	11,200人(13.8%)	48,500人(59.9%)	17,500人(21.6%)	6,300人(7.8%)
８年11月（'96）	81,600人(100.0%)	5,600人(6.9%)	16,400人(20.1%)	41,400人(50.7%)	18,200人(22.3%)	3,900人(4.8%)
13年６月（'01）	81,900人(100.0%)	4,800人(5.9%)	15,200人(18.6%)	47,700人(58.2%)	14,200人(17.3%)	6,000人(7.3%)
18年７月（'06）	93,100人(100.0%)	4,900人(5.3%)	17,300人(18.6%)	50,100人(53.8%)	20,700人(22.2%)	15,200人(16.3%)
23年12月（'11）	72,700人(100.0%)	4,900人(6.7%)	11,800人(16.2%)	42,300人(58.2%)	9,800人(13.5%)	8,800人(12.1%)
28年12月（'16）	68,000人(100.0%)	5,000人(7.4%)	5,000人(7.4%)	36,000人(52.9%)	15,000人(22.1%)	23,000人(33.8%)
令和４年12月（'22）	96,000人(100.0%)	6,000人(6.3%)	10,000人(10.4%)	53,000人(55.2%)	16,000人(16.7%)	35,000人(36.5%)

（注）　1　平成23年調査において岩手県，宮城県，福島県，仙台市，盛岡市，郡山市，いわき市については，東日本大震災の影響により，調査を実施していない。
　　　　2　平成23年～令和４年調査の総数には「障害種別不詳」を含む。
（資料）　厚生労働省：身体障害児・者等実態調査，生活のしづらさなどに関する調査

4──障害のある子どもへの施策と福祉サービス

（1）「障害者総合支援法」の概要

　障害者への福祉サービスは，地域社会における共生を実現させるという理念のもと，**「障害者総合支援法」**（障害者の日常生活及び社会生活を総合的に支援するための法律）に規定され，実施されている。本法の目的として，「障害者及び障害児が基本的人権を享有する個人としての尊厳にふさわしい社会生活を営む」とし，「地域生活支援事業」を含めた総合的な支援を行うことも明記された。対象となる障害者の範囲は，身体障害者，知的障害者，精神障害者（発達障害者を含む）に加え，難病等が追加され，症状が安定しない者も障害福祉サービスの利用が可能となった。また難病等の範囲が指定され，2024（令和6）年4月時点では369疾患が対象となっている。「障害者総合支援法」による総合的な支援は，自立支援給付と地域生活支援事業で構成されている。

55

第Ⅰ部●子ども家庭福祉の今を学ぶ

（2）障害のある子どもを対象としたサービス

障害のある子どもを対象としたサービスに関して，以下，全国社会福祉協議会のパンフレットをもとに解説する[1]。

障害のある子どもを対象としたサービスは，施設入所等は「児童福祉法」によって，児童デイサービス等の事業関係は「障害者自立支援法」（現「障害者の日常生活及び社会生活を総合的に支援するための法律」），重症心身障害児（者）通園事業は予算事業に基づいて実施されてきた。これらは2012（平成24）年より「児童福祉法」に一本化され，体系も再編されることとなった。

障害児通所支援を利用したいと考えた場合，保護者は市町村に障害区分の認定に関する申請をし，サービス等利用計画を経た後，支給決定を受け，利用する施設と契約を結ぶ。市町村も障害児通所支援サービスを担っている。障害児通所支援には，児童発達支援，放課後等デイサービス，居宅訪問型児童発達支援，保育所等訪問支援がある。

障害児入所支援を利用する際には，児童相談所に申請を行う。入所施設の種類には，福祉型障害児入所施設と医療型障害児入所施設がある。

1）「児童福祉法」による障害児を対象としたサービスの概要

①　障害児施設

障害児施設は，通所による支援（障害児通所支援（**児童発達支援センター**））と入所による支援（障害児入所支援（**障害児入所施設**））に大別される。通所形態で支援が行われる児童発達支援センターは，地域の障害児支援の拠点とされており，「地域で生活する障害児や家族への支援」，「地域の障害児を預かる施設」といった地域支援を行っている。

また，児童発達支援事業も行われている。児童発達支援事業とは，通所利用の未就学児に対して療育の支援をするものであり，支援の場としては児童発達支援センターを地域の中核として，児童発達支援事業所が地域の中で行き届くように設けられている。「障害児入所支援」では，障害に応じた適切な支援を受けられる施設を提供し，**福祉型障害児入所施設**と，医療を提供する**医療型障害児入所施設**に分かれている。

また，通所サービスの実施主体が2012（平成24）年より市町村に移行したことにより，居宅サービスと通所サービスを一体的に利用できるようになった。

56

② 放課後等デイサービス，保育所等訪問支援

　放課後等デイサービスは，学校就学中の障害のある子どもに対して，放課後や夏休み等の長期休暇中，生活能力向上のための訓練などを継続的に提供する場である。学校教育とともに障害児の自立を促進する目的をもち，同時に放課後などの居場所づくりを進めている。

　居宅訪問型児童発達支援では，重度の障害等により外出が著しく困難な子どもの居宅を訪問して発達支援を行う。

　保育所等訪問支援では，保育所等を現在利用している障害のある子どもや，今後利用する予定の障害のある子どもに対して，訪問により，保育所等における集団生活に適応するための専門的な支援を提供する。

③ 在園期間の延長措置の見直し

　障害のある18歳以上の者に対し，「障害者総合支援法」に基づき障害福祉サービスが提供される。その中で，現在入所している者が18歳以上になったとしても退所させられないような配慮がなされている。

　その他にも短期入所，生活介護，療育介護などのサービスがある。短期入所は，家族の病気や介護疲れ，あるいは家族の旅行などの理由によって，短期間の宿泊において，食事，入浴，排泄などの必要なサービスを行う。生活介護は主に昼間，食事，入浴，排せつ等の介護や創作的活動や生産活動などを提供している。療養介護とは，長期間医療的ケアが必要な上に，常時の介護を必要とする人に対して，日中の機能訓練や日常生活上の介護を提供することである。

2）相 談 支 援

　障害児相談支援事業として，「**障害児支援利用援助**」は障害児通所支援の申請にかかわる支給決定以前に，障害児支援利用計画案を作成し，支給が決定した後に，サービス事業者等と連絡調整などを行い，障害児支援利用計画の作成を行う。また「**継続障害児支援利用援助**」では，支給の決定されたサービス等の利用状況を検証し，サービス事業者との連絡調整などを行う。

3）地域生活支援事業

　障害のある人が，基本的人権を享有する個人としての尊厳にふさわしい日常生活または社会生活を営むことができるよう，住民に最も身近である市町村を中心として事業が実施されている。地域で生活する障害のある人のそれぞれの

ニーズをふまえ，また地域の実状に応じた取り組みを行う。市町村事業は，障害者に対する理解を深めるための研修や啓発事業を行う。また相談支援，意思疎通支援，日常生活用具の給付，移動支援などを行っている。

4）難病患者のための支援

2014（平成26）年「児童福祉法の一部を改正する法律」により，小児慢性特定疾病の患児に対する医療費助成が法定化され，2015（平成27）年から施行されている。「身体障害者福祉法」による施策の対象とならない小児慢性特定疾病患児に対して，特殊寝台等の日常生活用具を給付し，日常生活の便宜を図ることを目的とした制度である。対象品目については，便器，特殊マット，特殊便器，特殊寝台，歩行支援用具，入浴補助用具，特殊尿器，体位変換器，車いす，頭部保護帽，電気たん吸引器，クールベスト，紫外線カットクリーム，ネブライザー，パルスオキシメーターなどがある。

また「**小児慢性特定疾病児童等自立支援事業**」として，小児慢性特定疾病にかかっている子ども等に対し，医療に加え，相談支援，社会参加に関する支援といった総合的な支援を行うことで，自立への支援が行われている。

（3）経済的支援

障害のある子どもに対する経済的支援としては，養育医療，自立支援医療，特別児童扶養手当などが挙げられる。

養育医療は，「母子保健法」第20条に基づき，1歳未満の未熟児で入院が必要な場合，医療費の一部を所得に応じて公費によって支援が得られる。

自立支援医療（育成医療）は，「障害者総合支援法」第6条で規定された自立支援給付における自立支援医療費である。身体障害のある子どもの健全な育成を図るために，その子どもに対し生活の能力を得るために必要な医療に対して，その治療の一部を支給する。

また，20歳未満の重度，身体に中程度の障害のある子どもの養育者に**特別児童扶養手当**が支給される。特別児童扶養手当は，「精神または身体に障害を有する児童」を監護している父親または母親（父母がいないか監護していない場合は，その児童と同居し監護し生計を維持しているもの）に対して支給される。手当の月額は，1級（重度）の障害児一人につき5万5,350円，2級（中

度）の障害児一人につき 3 万6,860円である（2024（令和 6 ）年 4 月現在）。

障害児福祉手当は，20歳未満であり，重度の精神または身体に障害を有し，日常生活において常時の介護を必要とする在宅の重度障害児を対象とする手当である。特別児童扶養手当および障害児福祉手当は一定以上の所得がある場合など支給されないことがある。

（4）より充実した福祉サービスに向けた法改正

2011（平成23）年には「障害者基本法」が改正され，第17条において，国，地方公共団体は「障害者である子どもが可能な限りその身近な場所において療育その他これに関する支援を受けられるよう必要な施策を講じなければならない」「療育に関し，研究，開発及び普及の促進，専門的知識又は技能を有する職員の育成その他の環境の整備を促進しなければならない」と規定された。さらに2013（平成25）年の第 3 次障害者基本計画では，障害のある子どもとその家族全体を含め，すべての子ども，子育て家庭を対象とし，地域で子ども・子育て家庭を対象に給付その他の支援を可能な限り講じるとともに，教育・保育を障害のある子どもが円滑に利用できるようにするために必要な支援を行うことが明記された。

また2016（平成28）年「障害者の日常生活及び社会生活を総合的に支援するための法律及び児童福祉法の一部を改正する法律」では，新設された児童福祉法第56条の 6 第 2 項の規定により，地方公共団体は人工呼吸器を装着している障害児その他の日常生活を営むために医療を要する状態にある障害児（以下，**医療的ケア児**という）の支援に関する保健，医療，福祉，保育，教育等の連携の一層の推進を図るよう努めるとされた。その後，2021（令和 3 ）年 9 月，「医療的ケア児及びその家族に対する支援に関する法律」が施行された。

医療技術の進歩などを背景に，新生児集中治療室（NICU）等に長期間入院した後に，人工呼吸器や胃ろう，たんの吸引，経管栄養などの医療的ケアが必要な障害児（医療的ケア児）が増加している。このような医療的ケア児が在宅で生活していくためには，心身の状況に応じて，保健，医療および福祉だけでなく，保育，教育等における支援も重要であるとし，関係機関が利用者目線で緊密に連携して対応していく必要性が示された。保育所等における保育に関し

第Ⅰ部●子ども家庭福祉の今を学ぶ

ては，保育所は保護者が就労している場合など保育を必要とする子どもに対して一般的に提供されるものとし，医療的ケア児についてもそのニーズを受け止め，対応していくことが求められている。

また，「子ども・子育て支援法」に基づく基本指針において，障害，疾病など社会的支援の必要性が高い子どもやその家族を含め，すべての子どもや子育て家庭を対象に，一人ひとりの子どもの健やかな育ちを等しく保障することを目指すことをふまえ，保育所，幼稚園，認定こども園等においても，医療的ケア児のニーズを受け止め，対応を図っていくことの重要性が示された。

5——障害のある子どもと家族への支援

子どもの障害が明らかになることは，家族にとって大きな心理的なショックをもたらす。そして障害を認めたくない気持ち，現実を受け入れられない葛藤，障害と折り合いをつけ，受け入れていく過程を，障害の受容という。また，障害のある子どもをもつ親は，身体的・精神的・経済的負担が大きいことも知られている。特に親が子どもの障害を十分に受容できていない場合は親の心理的負担が大きいため，保育者は家族の気持ちに寄り添い，それぞれの家族の受容を支えていく必要がある。

また家族の支援の中でも，障害のある子どものきょうだいへの支援も必要である。家族に障害のある子どもがいる場合，そのきょうだいはいろいろな場面で同年齢の子どもとは異なる経験を余儀なくされる。子どもの障害が重い場合や，重篤な病気や障害を併せもっているケースの場合などでは，親はきょうだいのことが気になっても，十分に手をかけられなくなってしまうことも少なくない。そのためきょうだいは，自分がしっかりしなくてはといった気持ちが強くなったり，親に甘えたいといった当たり前の感情を抑えてしまったりする傾向がみられる。保育者は，さまざまな障害のある子どもの状態を理解し，その子どもの発達を支援するだけでなく，障害のある子どもの家族やきょうだいに対しても支援を行う重要な役割が求められている。

障害のある子どもへの支援は障害の程度や発達段階に応じた個別支援計画に基づき，それぞれの子どもに合ったサービスの利用が求められるのと同時に，

第5章●子どもと障害

その家族への支援の目が重要である。また子どもが発達上の問題を抱えている場合には，子どもの発達段階に合わせた遊びを行っていくことが必要である。発達障害などは，発達障害といった視点だけで見るのではなく，子どもの発達に合わせて人との関係性を育てていくことが重要になる。そのためには子どもや家族に対して何ができ，何を伝えられるか考えていくことが保育者に求められる子育て支援といえる。

　しかしながら注意しなくてはならないのは，障害があったとしても子どもであることにはかわりはないという点である。障害がある場合，健常児と比較し，発達の遅れや障害の部分に目が向きがちである。そのため遅れや障害の克服や軽減することが療育の目標となりやすい。しかし障害の有無以前に一人の子どもであり，一人の子どもとしていかにその生活を楽しく，生き生きと充実して過ごしていけるかを考えることが重要である。障害の有無にかかわらず，子どもは生涯，発達していく存在であることを意識してもらいたい。

　「児童福祉法」の改正，「医療的ケア児及びその家族に対する支援に関する法律」の施行などにより，新たに医療的ケアの必要な子どもたちが「医療的ケア児」と定義され，今後の保育現場には医療的ケアが必要な子どもたちが通ってくることが予期される。保健，医療，福祉，教育などの関係者や関係機関と連携していくことがより一層求められる。また，さまざまな障害を理解し対応できる保育者が一層必要となる。

　● 演習コーナー ●
・障害のある子どもには，どのような福祉サービスが必要であろうか。
・保育者として障害のある子どもの家族へどのような支援ができるだろうか。

引用・参考文献

　1）全国社会福祉協議会：障害福祉サービスの利用について（2024年4月版），2024，pp. 6-10
・大豆生田啓友・三谷大紀編：最新保育資料2019，ミネルヴァ書房，2019
・森上史朗・柏女霊峰編：保育用語辞典 第8版，ミネルヴァ書房，2015

第Ⅰ部　子ども家庭福祉の今を学ぶ

第6章　子どもと行動上の「問題」

● ● アウトライン ● ●

1．子どもの行動

要点

◎問題行動に対しては，子どもを取り巻く環境に目を向ける必要がある。

キーワード

円環的因果律　直線的因果律

2．心理的な問題への対応

要点

◎子どもの心理的な問題へは，児童相談所や児童心理治療施設が対応している。

◎児童心理治療施設では入所または通所により心理治療を行い，家族療法による家庭機能の回復も図っている。

キーワード

情緒障害　児童心理治療施設　家族療法　健やか親子21

3．少年非行への対応

要点

◎非行少年は，年齢や非行の内容により，少年法に基づいて触法少年・犯罪少年・虞犯少年に分類される。

◎少年非行への福祉的対応先としては，市町村（児童家庭相談援助），児童相談所，児童自立支援施設などがある。

キーワード

少年非行　少年法　不良行為　虞犯行為　触法行為　児童自立支援施設

4．不登校，ひきこもり，ニートへの対応

要点

◎不登校は学校段階でのつまずきであるが，社会的自立に及ぼす影響が着目され，市町村・児童相談所での対応，スクールカウンセラーの配置などが進んでいる。

◎ひきこもり・ニートの増加に対して，行政では平成年代後半より社会的自立や就労に向けた事業の整備や法整備を開始している。

キーワード

こども・若者の意識と生活に関する調査　ひきこもり地域支援センター
ジョブカフェ　わかものハローワーク　子ども・若者育成支援推進法

第6章●子どもと行動上の「問題」

1——子どもの行動

　皆さんは,「売り言葉に買い言葉」という言葉を聞いたことはないだろうか。相手からの強い言葉に対して，自分自身も同じように言い返すことである。これが何度も相手との間で繰り返されて言葉がエスカレートしてしまう。皆さんにも経験がないだろうか。

　例えば，部屋を散らかしてしまったので片付けようとしたところ,「早く片付けなさい」と家族に強い口調で言われた。今やろうと思っていたところに強い口調で言われたので腹が立って「今やろうとしていたのに」と，同じように強い口調で言い返した。すると,「やろうとしていたと言うけれど，何もしていないじゃないの」とまた強い口調で言われる。このような言葉のやりとりが繰り返されてけんかに発展してしまう。

　このようなやりとりが繰り返されるのを図式化したものが図6—1である。このように，原因と結果が円のように繰り返されることを，家族や家庭の問題を取り扱う家族心理学の中では，**円環的因果律**と呼ぶ。一方，図6—2のように，原因と結果が，一直線的に結ばれることを**直線的因果律**と呼ぶ。この考え方は，家族心理学の領域だけではなく，子どもや家庭・家族の問題を扱う子ども家庭福祉の領域でも大変重要な視点を与えてくれるものである。

　家庭内や社会における子どもの問題行動は，行動の原因と結果が一直線につながった，単純な因果関係で説明できるものではない。周囲のさまざまな人的環境と物的環境とが，お互いに影響し合う中で生じたものである考えることができる。このように，子どもの問題行動に対応するには，子ども自身だけでなく，家族や家庭といった人的環境，衣食住といった物的環境にも目を向ける必要がある。子どもに問題行動が生じないようにするには，これらの環境を整え

結果＝原因　→　結果＝原因
↑　　　　　　　　　　↓
原因＝結果　←　原因＝結果

図6—1　円環的因果律

原因　→　結果

図6—2　直線的因果律

63

第Ⅰ部●子ども家庭福祉の今を学ぶ

ることが重要となる。

　少年非行，不登校といったような問題は，その問題や子どもに目が向いてしまうが，子どもを取り巻く環境にも目を向けることが必要である。本章では，子どもの行動に関してどのような問題があるのかを整理し，その定義や状況，そして子ども家庭福祉領域における対応について説明する。

2──心理的な問題への対応

（1）心理的な問題とは

　心理的な問題を抱えることで，生活の中でさまざまな困難が生じる子どもがいる。虐待や家庭・学校での人間関係の問題によって，心理的に不安定な状態になることがある。その結果，「人が怖い」「消えたい」「どうなってもいい」といった感情が生じる。こうした感情が強まると，社会生活が困難になり，日常生活での生きづらさを感じるようになる。このような状態は「**情緒障害**」と呼ばれることがあり，以下のように定義されている。なお，「情緒」とは何らかの出来事で引き起こされる感情変化のことである。

厚生労働省の情緒障害

　家庭，学校などでの人間関係のゆがみによって感情生活に支障をきたし，社会適応が困難になった児童のうち，身体的疾患や知的障害（精神遅滞）などの原因がある児童や，自閉症・自閉傾向の強い児童を除いた以下の行動がみられる児童。

　　①非社会的行動…不登校，かん黙，ひきこもり，引っ込み思案など
　　②反社会的行動…いじめ，反抗，怠学，盗み，授業妨害など
　　③神経性習癖…夜尿，吃音，チック，拒食など

文部科学省の情緒障害

　情緒の現れ方が偏っていたり，その現れ方が激しかったりする状態を，自分の意志ではコントロールできないことが継続し，学校生活や社会生活に支障となる状態を情緒障害とする。情緒障害の児童・生徒は特別支援教育の対象とし，発達障害である自閉症などと心因性の選択性かん黙などのある児童・生徒がをその対象となっている。

情緒障害の「障害」という言葉は，障害児・者の障害とは異なる意味で使われている。もともとは，英語の emotionally disturbance（情緒が乱されている）を訳したものである。しかし心理的に何かが欠けているかのような誤解を生じることがあった。そのため「情緒障害児短期治療施設」という名称は，2017（平成29）年の児童福祉法改正で「児童心理治療施設」に変更された。福祉の現場では「情緒障害」という言葉の使用は減少してきたが，教育の現場では使われることがある。

（2）児童心理治療施設

心理的な問題のある子どもへの対応は，児童相談所のほか，「児童心理治療施設」等が実施している。心理的治療が必要な児童を，入所または保護者のもとから通わせ，治療と支援を実施しているのである。また，あわせて退所した者の相談やその他の援助を行うことを目的としている。子どもに対する心理治療を行うとともに，子どもを含めた家族・家庭に対して**家族療法**を行うこともある。このような支援を通じて，家族の機能の回復を図り，子どもが家庭に戻って生活できるよう，環境の調整を行っている。

1994（平成6）年まではおおむね12歳未満の子どもを対象としていたが撤廃され，満20歳まで入所期間を延長できるようになった。2023（令和5）年2月1日現在，全国で53施設あり，入所児童数は1,334人となっている。入所児は，被虐待児が8割を超え，また自閉スペクトラム症を疑われる子どもが全体の約5割となっている。47都道府県のうち未設置のところもあり，「**健やか親子21（第2次）**」において，全都道府県に設置することが目標とされている。

3——少年非行への対応

（1）少年非行とは

少年非行とは，法律や社会の規範に反する行動を少年が行うことを指す。非行を行った少年は「**非行少年**」と呼ばれ，対応は年齢や非行の内容によって異なり，「**児童福祉法**」に基づく福祉的な対応と，「**少年法**」に基づく対応に分かれる。「少年法」では，非行少年を次のように分類している。

触法少年：14歳に満たないで，刑罰法令に触れる行為をした少年
犯罪少年：罪を犯した少年
虞犯少年：将来，罪を犯し，又は刑罰法令に触れる行為をする虞（おそれ）のある少年

　上記の非行少年のうち，家庭環境に問題があり，それが原因で非行を行った少年と，年齢が比較的低い少年などは，「児童福祉法」に基づいた措置が行われる。措置とは，行政処分の一種である。処分という表現はものものしいが，この場合は援助が必要な非行少年に対して，「児童福祉法」上の援助を実際に行うために行う行政手続きや，実施された援助を指すものである（図6－3）。
　一方，「少年法」に基づく対応の場合は家庭裁判所への通告が行われるが，「児童福祉法」に基づく措置が適切な場合（少年法第18条第2項）や，児童自立支援施設等への送致（少年法第24条）が行われる際には，児童相談所に送られる。

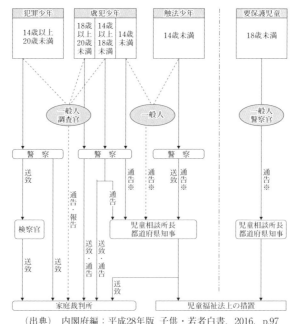

（出典）内閣府編：平成28年版 子供・若者白書，2016，p.97
図6－3　少年事件処理手続概略図

（2）少年非行の実態

非行少年の補導件数については，表6−1のような推移になっている。全体的に減少傾向であるが，2023（令和5）年は刑法犯少年，不良行為少年の増加が目立った。

（3）福祉的な対応

少年非行に対する福祉的な対応については，市町村の児童家庭相談援助，児童相談所，児童自立支援施設などによるものがある。

市町村児童家庭相談担当部署における支援では，基本的に不良行為のある児童，虞犯行為のある児童，14歳未満の触法行為のある児童が相談対象となる。

（4）不良行為相談

不良行為とは，飲酒，喫煙，家出や深夜徘徊など，刑罰法令にも虞犯行為にもあたらない非行を指す。不良行為は，これを繰り返し行うことにより非行を深化させ，犯罪行為等に発展する危険があるので，早期対応が大切である。相談の過程で触法行為や虞犯行為を行ったことが判明し，専門的な対応が必要な場合は児童相談所と十分協議し送致する。また，犯罪行為を行ったことが判明した場合には，警察と協議し対応する。

（5）虞犯相談

虞犯行為とは，家出や深夜徘徊を繰り返す，暴走族や暴力団関係者などとの

表6−1　非行少年等の補導状況の推移

	平成30 （'18）	令和元年 （'19）	2 （'20）	3 （'21）	4 （'22）	5 （'23）
刑法犯少年	23,489	19,914	17,466	14,818	14,887	18,949
特別法犯少年	4,354	4,557	5,022	4,940	4,639	5,033
触法少年（刑法）	6,969	6,162	5,086	5,581	6,025	7,257
触法少年（特別法）	633	607	569	628	704	756
虞犯少年	1,150	1,068	869	795	656	504
不良行為少年	404,754	374,982	333,182	308,563	297,078	321,689

（出典）　警察庁：令和5年中における少年の補導及び保護の概況，2024，p.1をもとに筆者が加筆修正

第Ⅰ部●子ども家庭福祉の今を学ぶ

交際，いかがわしい場所への出入り，性的逸脱など，将来刑罰法令に触れる行為を行う危険のある問題行動である。

指導困難なケース，一時保護，心理・医学等の判定，施設入所を必要とするなど，より高度で専門的な対応が必要な場合は児童相談所に送致する。また，犯罪行為を行っていたことが判明した場合等には，警察と協議し対応する。

（6）触法相談

触法行為とは，刑罰法令に触れるものの，当該児童が14歳未満であるため刑事責任が問われない行為を指す。児童が14歳以上であれば犯罪行為となるため，警察や家庭裁判所が対応する。触法行為に関する相談は，家族と協力の上で再発防止に努める。虞犯相談と同様に，より高度で専門的な対応が必要な場合には，児童相談所に送致する。また，共犯者がいることが判明した場合等には，警察と協議し対応する。

（7）児童相談所における支援

児童相談所に相談・通告があった場合は，児童相談所において調査・判定が行われる。それに基づいて，次のような方法がとられる。

・児童や保護者を訓戒し，または誓約書を提出させる。
・児童福祉司，社会福祉主事，児童委員などに指導させる。
・里親に委託，または児童自立支援施設などに入所させる。
・家庭裁判所に送致する。

2022（令和4）年度中に児童相談所で対応した非行関係の対応件数は1万1,966件であった。前年度より1,276件，12％増加した。

（8）児童自立支援施設における支援

児童自立支援施設は，不良行為を行う，またはそのおそれのある子どもや，家庭環境その他環境上の理由により，生活指導等を必要とする子どもを入所，あるいは保護者のもとから通わせ，個々の子どもの状況に応じて必要な指導を行い，その自立を支援し，あわせて退所した者について相談その他の援助を行うことを目的とした施設である。1997（平成9）年の「児童福祉法」改正まで

第6章●子どもと行動上の「問題」

は名称を**教護院**としていた。これは，入所者を教育・保護する目的であったものが，家庭環境の調整や退所者への支援を行う自立支援を施設の目的とした規定が加わり，施設名称が変更された。保護者のネグレクトなどによる家庭環境の問題から，基本的生活習慣が身についていない子どもも対象者となっている。教護院時代には施設内において学校教育に準ずる教育が行われてきたが，分校・分教室を設置する方法に変更され，学校教育が行われることとされている。2023（令和5）年2月末時点で，国立武蔵野学院，国立きぬ川学院のほか58施設あり，入所児童数は1,135人である。

4——不登校，ひきこもり，ニートへの対応

2008（平成20）年，「青少年育成施策大綱」が策定された。この大綱では4つの重点課題が掲げられたが，中でも「困難を抱える青少年の育成を支援するための取組」は注目すべき課題である。ひきこもりやニートといった社会的自立が困難な青少年が多くなり，社会問題化している。こうした自立に関する問題の背景に，不登校やいじめ，中途退学といった学校段階でのつまずきを含むさまざまな問題が複合的に存在していることが指摘されている。そのため，困難を抱える青少年を総合的に支援するために，乳幼児期，学童期，思春期，青年期およびポスト青年期という段階を設け，関係各省庁・機関が連携し適切に支援することとしている。

（1）不登校
1）不登校の状況
不登校は，学校段階でのつまずきとして社会的自立の困難の要因の1つとして挙げられる。文部科学省は，**不登校の児童生徒**を「何らかの心理的，情緒的，身体的あるいは社会的要因・背景により，登校しない，あるいはしたくともできない状況にあるため年間30日以上欠席した者のうち，病気や経済的な理由による者を除いたもの」と定義している。2023（令和5）年度の不登校児童生徒は，小学校で13万370人，中学校で21万6,112人であった（図6—4）。

近年注目されているのは，中学校において不登校であった生徒のその後であ

69

第Ⅰ部　子ども家庭福祉の今を学ぶ

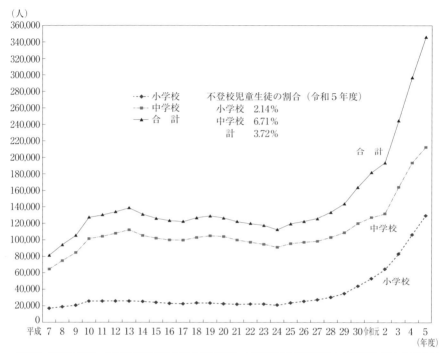

（出典）文部科学省：令和5年度児童生徒の問題行動・不登校等生徒指導上の諸問題に関する調査結果，2019，pp.69-70.

図6－4　不登校児童生徒の割合推移

る。不登校は学校段階における大きなつまずきであり，社会的自立に困難を抱える青年となる要因と考えられている。義務教育終了後に進学も就職も行わないと，社会との接点が極端に少なくなる可能性がある。このような場合，支援サービスや施設・機関の情報が本人や家族に届きにくくなる。また，行政側も支援を必要とする人の存在を把握しにくくなる。支援体制が整っていても，情報が適切に届かなければ，本人や家族が孤立する危険性がある。そのため，不登校を予防し，不登校になった場合には早期解決を行うことが重要であるが，義務教育終了後に進学も就職も行わないことが予想される場合は，学校教育から切れ目のない支援を行うために，本人や家族の理解と同意を得ながら事前に施設・機関と連携したり，相談支援サービスの情報提供を行ったりすること

で，適切な支援が受けられ，自立できるようにする必要がある。なお，2019（令和元）年の文部科学省の通知では，「学校に登校する」という結果のみを目標にはしないことという視点が示されている。

2）不登校における児童福祉分野での対応

市町村児童家庭相談担当部署で不登校相談を受け付けた場合は，教育機関と十分な連携をとり，地域での支援の可否について判断し，より高度な専門性が必要な場合は児童相談所に送致する。

児童相談所では，市町村児童家庭相談からの送致を受けたり，また保護者等から直接相談を受け，一時保護や心理・医学面等での判定や施設入所など，専門的な立場で対応を行っている。

このほか，精神保健福祉センター，保健所，福祉事務所，児童委員，卒園した保育所への相談も行われ，幅広い福祉分野の施設・機関等への相談が行われている。文部科学省の所管においては，スクールカウンセラー等の配置，スクールソーシャルワーカー活用事業等が実施され，中学校を中心にスクールカウンセラーやスクールソーシャルワーカーの配置が進んでいる。学校内でのカウンセリングやソーシャルワークは，不登校児童・生徒に対する心理面でのかかわりや支援だけではなく，家族や学校，地域との関係を調整し，関係する施設・機関と連携しながら，抱えている問題の解決を図るものである。

（2）ひきこもり

ひきこもりは，近年社会問題化しており，厚生労働省における関連施策は2009（平成21）年から始まっている。内閣府の「こども・若者の意識と生活に関する調査」では，「ふだんは家にいるが，近所のコンビニなどには出かける」「自室からは出るが，家からは出ない」「自室からほとんど出ない」という狭義のひきこもりが15～39歳において4.5％，「ふだんは家にいるが，自分の趣味に関する用事のときだけ外出する」も加えた広義のひきこもりでは9.7％という結果が出ている（2022（令和4）年4月1日現在）。

ひきこもりは，単一の疾患や障害といった概念ではなく，さまざまな要因が背景になって生じたものである。近年では，長期化や中高年層への広がりが課題となっており，少年期からひきこもり状態が続き，中年期に達するケースも

少なくない。また，生活困窮者自立支援法の施行により，地域での支援が強化されている。そのため厚生労働省では，子ども家庭福祉分野，精神保健分野，地域福祉分野に加え，生活困窮者自立支援制度の活用を通じた支援も進めている。精神保健福祉センターや保健所においては，ひきこもりの相談を行っている。児童相談所においては，学生ボランティアを家庭に訪問させる「ふれあい心の友訪問援助事業」や，集団生活指導・心理療法を行う「ひきこもり等児童宿泊等指導事業」を実施している。また，2009（平成21）年度から，ひきこもりに特化した第一次相談窓口として「ひきこもり地域支援センター」を順次都道府県・指定都市に設置し，2013（平成25）年度から「ひきこもり支援に携わる人材の養成研修・ひきこもりサポート事業」を開始した。市町村における支援については，児童家庭相談担当部署で相談を行い，助言・指導や地域の子育て支援で援助が可能な場合に対応している。しかし，年齢が高く長期化しているケースの場合，高度で専門的な対応が必要なことから児童相談所や精神保健福祉センターに引き継いでいる。

（3）ニ　ー　ト

　ニートとは非労働力人口（15歳以上で，仕事をしている人または仕事を探している人以外の人口）のうち，15〜34歳に限定し，家事も通学もしていない人のことをいう。ニートも社会的自立ができない青少年として対策が急務である。総務省による2023（令和5）年の労働力調査では，約59万人とされている。内訳は，15歳から24歳が26万人，25歳から34歳までが33万人であった。ニートの背景には，さまざまな要因があると考えられる。義務教育終了時点で不登校であった者が求職も家事も通学もしていない場合や，高等学校や大学等を中途退学してニートになった場合，また，人間関係がうまく結べない，意識が希薄なまま就職し，退職してニートになった場合もある。雇用情勢が悪化している中で，労働環境や就職活動の厳しさに失望したり，非正規雇用を継続せざるを得ない状況に自信を失うなど，意欲をもって就業できない社会状況からニートになった場合もある。

　このような状況で，学校段階からキャリア教育強化し，勤労観・職業観をもって日々の学習に取り組み，自己の進路を主体的に選択し，社会人・職業人

として職場に定着し，自立できるように支援する取り組みが進められている。また，「若年者のためのワンストップサービスセンター（通称：ジョブカフェ）」では都道府県が主体となって，産業界と学校等が連携しカウンセリングや研修などの一連の就職支援を行っている。各都道府県に設置され，ハローワーク（公共職業安定所）を併設して職業紹介やセミナーを実施しているところもある。さらに，45歳までを対象とする「わかものハローワーク」も設置され，支援が拡充されている。このような状況の中で，「子ども・若者育成支援推進法」が2010（平成22）年４月より施行された。福祉・教育・雇用等の関連する施策の総合的推進を行うとともに，ニートやひきこもりなどの困難を抱える青少年に対して地域の関係機関が連携して支援するネットワークづくりを推進するものである。2016（平成28）年には，「子供・若者育成支援推進大綱」が定められた。すべての子どもや若者が健やかに成長し，もてる能力を生かし自立できる社会の実現を目指すものである。

● 演習コーナー ●

・あなたの地域の不登校問題への取り組みを調べてみよう。

・ニート，ひきこもりの人たちが増えると，社会的にどのような問題が出てくるだろうか，考えてみよう。

参考文献

・厚生労働統計協会：国民の福祉と介護の動向，2024／2025，2024
・厚生労働省：情緒障害児短期治療施設（児童心理治療施設）運営ハンドブック，2014
・こども家庭庁：社会的養育の推進に向けて　令和５年４月，2023
・文部科学省：不登校児童生徒への支援の在り方について（通知）令和元年10月25日（元文科初第698号），2019

第Ⅰ部　子ども家庭福祉の今を学ぶ

第7章　子どもと貧困

● ● アウトライン ● ●

1. 家庭の経済状態と子ども

要点

◎貧困は，経済的な困窮に加えて複合的な困難や不利益な状況を生じさせる。こうした貧困の問題は，家庭のみではなく，社会全体での解決が求められている。

◎現在，日本の子どもの貧困率は11.5％と先進諸国の中でも比較的高い。子どもの8〜9人に1人が貧困状態の中で生活しているということとなり，軽視することができない。

◎貧困による子どもの不利益解消のために成立した「子どもの貧困対策推進法」は，2024（令和6）年に「こどもの貧困の解消に向けた対策の推進に関する法律」と改題して改正された。

キーワード

子どもの貧困率　絶対的貧困　相対的貧困　社会的排除　こどもの貧困解消法
こどもの貧困の解消に向けた対策に関する大綱

2. 貧困・低所得家庭の現状と子どもへの影響

要点

◎ひとり親家庭の相対的貧困率は高く，また，貧困の世代間連鎖は大きな社会問題となっている。

◎貧困が子どもに及ぼす影響として，健康問題や発育不全，教育の機会が適切に提供されないことによる学力不振や進路選択における不利益，社会性の欠如などが挙げられる。

キーワード

ひとり親家庭の支援　貧困が子どもに与える影響　貧困の世代間連鎖
ヤングケアラー　貧困と虐待

3. 子どもの貧困に対する取り組み

要点

◎貧困を解消する手立てとして，生活保護をはじめとして子どもの学習・就学を支援する制度や，子ども食堂などがある。

キーワード

生活保護　子どもの生活・学習支援事業　子ども食堂

第7章 ● 子どもと貧困

1 ── 家庭の経済状態と子ども

　「貧困」と聞くと，食事を満足に食べることができずいつもお腹をすかせている状態や，服はボロボロで着る物に困っているという姿を想像する人もいるだろう。しかし実際の貧困はそうしたわかりやすい姿をしていないため，「豊かといわれている日本で，貧困に苦しんでいる人が本当にいるのだろうか」と考える人が多くいる。実際に乳児院や児童養護施設の入所理由には，親の破産や借金など経済的な問題がある。また，ひとり親家庭の中には経済的に苦しい状況にあるため長時間子どもを保育所に預け働いている保護者もいる。貧困は，保育士の身近で起きている問題であり，取り組むべき問題であるといえる。

（1）子どもの貧困とは

　昔話には，怠け者にとりつく貧乏神が登場するものがある。貧しいがゆえに子どもが奉公に出されたり，間引きがなされたりする風習も実際にあった。昔から貧困で苦しみながら暮らしている人はいたが，現代でも貧困が理由で幸福を得られていない子どもがいる。

　貧困の定義は多様である。人それぞれ「貧しさ」に対する考え方が異なるためである。ある人は，飢え死にする状態を貧困という。ある人は，スマートフォンを持つことができない状態を貧困ととらえる場合もある。河川敷や地下街にいるホームレスを貧困という人もいるが，ホームレスの中には，お金はないが一人でいることに幸せを感じており，「私は貧困とは思っていない」という人もいる。現代の社会問題となっている子どもの貧困は，経済的な困窮を中心にさまざまな複合的な困難や不利益な状況にある場合を指している。

　こども家庭庁では，**子どもの貧困**について次のように説明している。「こどもの貧困は，経済的な困窮にとどまらず，学習面や生活面，心理面など様々な面において，こどものその後の人生に影響を及ぼします。こうした貧困の連鎖を断ち切るためには，子育てや貧困の問題を家庭のみの責任とするのではなく，社会全体で解決することが重要です」。子どもの貧困は，子どもの「現在」と同時に，「将来」をおびやかす問題であるととらえている。人間形成の

第Ⅰ部●子ども家庭福祉の今を学ぶ

重要な時期である子ども期に貧困を体験してしまうと，健康や発育に大きな影響をおよぼすだけでなく，進学や就職の選択肢を狭めてしまうこともある。その結果，自ら夢をつかみ取る機会を失ってしまうことにもなってしまう。

（２）絶対的貧困と相対的貧困

　絶対的貧困は，人間として最低限の生活の維持が困難な生活状態である。医療や教育どころか衣食住や飲み水さえ手に入らない状態であり，世界銀行が示す絶対的貧困基準は，１日1.9ドル未満で暮らす今日明日の命も危うい人たちを指す。国連の持続可能な開発目標である**SDGs**（Sustainable Development Goals）では，１つ目の目標に「貧困をなくそう」を掲げている。貧困というワードは全世界共通であり，貧困をなくす取り組みは全世界の共通目標となっている。現在では，開発途上地域や戦争で苦しむ人々が絶対的貧困に該当する。

　相対的貧困とは，その国の文化水準，生活水準と比較して困窮した状態を指す。その定義は，世帯所得が等価可処分所得の中央値の半分（貧困線）に満たない状態，すなわち一般的な家庭の半分以下の所得で生活している状態を指す。そのため家庭によっては，子どもが年齢相応の子どもらしい生活を送ることができず，我慢を強いられて生活をしている状態が生じるかもしれない。

　2009（平成21）年から相対的貧困の状態にある人々の状況について数値が公表されるようになったことで子どもの貧困に関する社会的な関心が高まり，2013（平成25）年には「子どもの貧困対策の推進に関する法律」（現「こどもの貧困の解消に向けた対策の推進に関する法律」）が成立した。2022年国民生活基礎調査によると，2021（令和３）年の17歳以下の子どもの相対的貧困率は11.5％であり（2018年と比較して2.5ポイント減少），８〜９人に１人が貧困状態にあることを示している。なお，この年の貧困線は127万円となっている。

　誰が見ても明らかな絶対的貧困と異なり，相対的貧困は見た目で判断できないケースが多く，厳しい生活を送っていることに周囲が気づきにくい。

（３）社会的排除

　流行の服が買えない少女，サッカーチームに，クラスで一人だけ入会することができない少年，ユニフォーム代や遠征費が払えないため運動部に入ること

をあきらめた中学生，アルバイトが忙しく学校帰りにファストフードに寄ることができない高校生。経済的な困窮により，不遇な思いをする子どもたちがいる。これらがきっかけで子どもたちの中には友人の会話についていくことができず学校を退学するケースもある。

社会的排除とは，物質的・金銭的欠如のみならず，居住，教育，保健，社会サービス，就労などの多次元の領域において個人が排除され，社会的交流や社会参加さえも阻まれ，徐々に社会の周縁に追いやられていくことを指す。上記の例も貧困により，社会とのつながりが失われてしまっている。上記の子どもたちに共通しているのは，友人の輪に入れないため疎外感や孤立感を味わっていることだ。孤立は寂しさを生むだけでなく，いじめの標的となってしまう可能性もある。このような子どもたちの疎外感や孤立感は，保護者の経済的問題が解決しなければ解消しない。そして，保護者の経済的な問題は，一家庭だけで解決できる問題ではない。社会全体で解決することが求められている。

（4）こどもの貧困の解消に向けた対策の推進に関する法律

貧困で苦しむ子どもたちに生じる疎外感や孤立感などの不利益を改善するため，2013（平成25）年「子どもの貧困対策の推進に関する法律」が成立した。貧困が子どもに及ぼす影響が社会問題化したことを背景に成立し，問題解決における公的な責任が明らかにされた。本法はおおむね5年を目途に見直しを検討するとされており，2019（令和元）年の改正では，貧困状態にあるこどもだけでなく，「すべての子ども」に対して貧困対策を推進していくこととされた。

2023（令和5）年には「こども大綱」において「こどもの貧困を解消し，貧困による困難を，こどもたちが強いられることがないような社会をつくる」ことが明記されたことを踏まえ，法律の題名に「貧困の解消」を入れることとし，2024（令和6）年に「**こどもの貧困の解消に向けた対策の推進に関する法律**」（以下，「こどもの貧困解消法」）と改題した形で法改正が行われた。この改正では，「基本理念」において，解消すべき「こどもの貧困」が具体化され，こどもの貧困の解消に向けた対策は「こどもの現在の貧困を解消するとともにこどもの将来の貧困を防ぐことを旨として，推進されなければならない」ことおよび「貧困の状況にある者の妊娠から出産まで及びそのこどもがおとなにな

第Ⅰ部●子ども家庭福祉の今を学ぶ

るまでの過程の各段階における支援が切れ目なく行われるよう，推進されなければならない」ことが明記された。このほか民間団体による活動の支援の規定が新設され，調査研究の充実やその成果の活用を推進することについて明記された。

（5）こどもの貧困の解消に向けた対策に関する大綱

「こどもの貧困解消法」では，第9条に「政府は（中略）こどもの貧困の解消に向けた対策に関する大綱を定めなければならない」としており，以下の事項について大綱を定めることとなっている。

一　こどもの貧困の解消に向けた対策に関する基本的な方針
二　こどもの貧困率，ひとり親世帯の貧困率，ひとり親世帯の養育費受領率，生活保護世帯に属するこどもの高等学校等進学率，生活保護世帯に属するこどもの大学等進学率等こどもの貧困に関する指標及び当該指標の改善に向けた施策
三　教育の支援，生活の安定に資するための支援，保護者に対する職業生活の安定と向上に資するための就労の支援，経済的支援その他のこどもの貧困の解消に向けた対策に関する事項
四　こどもの貧困に関する調査及び研究に関する事項
五　こどもの貧困の解消に向けた対策に関する施策の実施状況についての検証及び評価並びに当該施策の効果を評価するために必要な指標の調査及び研究その他のこどもの貧困の解消に向けた対策に関する施策の推進体制に関する事項

2──貧困・低所得家庭の現状と子どもへの影響

（1）ひとり親家庭の現状

ひとり親家庭の平均年間収入は，母子世帯272万円，父子世帯518万円（厚生労働省，2021，調査結果は推計値）であるように，特に母子世帯の平均年間収入が相当低いことがわかる。母子世帯の母親は，正規採用の従業員として働くことが難しく，多くがパートやアルバイトで昼と夜のダブルワークで生活を維持している。また，子どもの父親からの養育費が未払いの家庭が多いのも経済

第7章●子どもと貧困

表7-1　ひとり親家庭の現状（2021（令和3）年度）

		母子世帯	父子世帯
世帯数		119.5万世帯 （123.3万世帯）	14.9万世帯 （18.7万世帯）
ひとり親になった理由		離婚79.5%（79.5%） 死別 5.3%（ 8.0%）	離婚69.7%（75.6%） 死別21.3%（19.0%）
就業状況	正規の職員・従業員	48.8%（44.2%）	69.9%（68.2%）
	自営業	5.0%（ 3.4%）	14.8%（18.2%）
	パート・アルバイト	38.8%（43.8%）	4.9%（ 6.4%）
平均年間収入 ［母または父自身の収入］		272万円（243万円）	518万円（420万円）
平均年間就労収入 ［母または父自身の就労収入］		236万円（200万円）	496万円（398万円）
平均年間収入 ［同居親族を含む世帯全員の収入］		373万円（348万円）	606万円（573万円）

・令和3年度の調査結果は推計値であり，平成28年度の調査結果との比較には留意が必要。
・（　　）内の数値は平成28年度調査結果を表している（熊本県を除く）。
（資料）厚生労働省：令和3年度全国ひとり親世帯等調査結果の概要，2022をもとに筆者作成

的な困窮の要因である。

（2）貧困の世代間連鎖

　貧困の世代間連鎖とは，貧困で苦しんだ子どもが成人したとき，同じように貧困で苦しむ可能性が高いというものである。低所得家庭で育っている子どもは，経済的理由から学習意欲や進学を望める学力があっても教育を受ける機会や進学をあきらめてしまうことがある。進学をあきらめたり，学習意欲が低下したりすることで，その後の人生にも影響を及ぼしてしまう。特に日本では学歴が高いほど生涯収入が高くなる傾向にあるため，経済的理由で進学が阻まれることは貧困の世代間連鎖を生じさせる一因となっている。

（3）貧困が子どもに及ぼす影響

　貧困は，金銭的な充足感が得られないことだけが問題ではない。物質的な不足や将来への希望も失われ，さまざまな不利益や生活上の障壁が生じ子どもの幸せが脅かされることになってしまう。貧困が子どもに与える不利益や影響に

79

第Ⅰ部●子ども家庭福祉の今を学ぶ

ついて，事例をもとに詳しく見ていく。

1）不安定な労働環境にある M さんの事例

M さん（40歳）は 2 年前に離婚し，一人で B 君（8 歳）を育てている。仕事は昼間のパート（非正規雇用）で事務員をしているが時給制であり，満足な生活水準には達していない。さらに B 君の就寝後，近隣の運転代行業の電話受付を 3 時間ほどしているため，帰宅は深夜になってしまう。夜間 B 君を見てくれる祖父母や親類はいないため，B 君は一人で留守番をしている。また，離婚した B 君の父親から養育費の支払いはない。

M さんは深夜まで働いているので，朝起きられないことがある。そのため B 君は朝食を食べないで登校することもある。十分な栄養を摂取していないため，B 君は年齢より小柄である。また虫歯も多く，医療機関への受診も怠っている状態である。M さんが仕事を掛け持ち（ダブルワーク）している影響で，B 君とかかわる時間も減ってしまい，B 君の体調の変化に気がついていない。

住居は 6 畳一間の賃貸アパートで家賃は 7 万円である。エアコンは設置されておらず，入浴は 2 日に 1 回，冬もシャワーだけである。これから B 君が成長するに従い，教育費が増えれば今の給与では生活していけない。そうなれば，勤務時間も増やさなければならないし B 君と過ごす時間が一層減ってしまう。M さんは将来のことを考えると不安で押しつぶされそうになることがある。最近では M さんの不安な表情を感じ取り，B 君は奇声を発したり物を壊したりする行為が増え，M さんの叱る回数も増えていった。ついに近隣からの通報で，児童相談所がかかわることになった。

このケースでは，非正規雇用やダブルワークという不安定な労働環境ゆえ，B 君の生活リズムは乱れ健康や発育に支障が生じている。さらに不適切なかかわりまで引き起こされ，M さんは現在や将来への不安を抱え情緒的に不安定になっている。M さんは児童相談所の児童福祉司に辛い思いを打ち明けた。

「いつ経済的に余裕のある生活ができるのか，先が見えないことに不安を感じています」。この思いは，出口の見えないトンネルに入り込んだ状態であると想像できる。光が差し込む出口が見えていれば，その場所までたどり着くことで困難な状態（M さんの場合は経済的な困窮）から脱出ができる。そして

80

第7章 子どもと貧困

重要なことは，「私のようなひとり親家庭にはどのような支援があって誰に相談してよいのかわかりません。経済的に厳しい生活をしていることは恥ずかしくて相談できません」という思いを抱くMさんへ具体的な支援を提示することだ。

それでは，MさんとB君にどのような支援を提示できるであろうか。貧困が子どもにもたらす不利益や影響を挙げながら考えてみたい。

2）子どもの貧困と健康・発育への影響

貧困により食事から栄養を十分に取れないことや，無保険や医療費の節約などで病院にかかりづらいことが理由で，子どもの健康や発育に影響が生じる場合がある。

東京都が2016（平成28）年に実施した「子供の生活実態調査」によると，貧困層の子どもの7.8％が朝食を「いつも食べない」「食べない方が多い」と回答している。朝食は，子どもの成長と健康維持にとって重要であるため，この数値は非常に高いといえる。また，貧困の世帯の子どもには虫歯が多い，予防注射接種率が低い，子どもを医療機関で受診させる必要があるにもかかわらず実際には受診させなかった，「受診抑制経験」がある割合の高さなどの実態が報告されている。

3）子どもの貧困と教育への影響

2021（令和3）年の全世帯における大学等（専修学校を含む）進学率は75.2％，ひとり親世帯の大学等進学率は63.8％，生活保護世帯の大学進学率は39.9％となっている。子どもの学校にかかる費用や塾の費用など，子どもの教育に関する費用をどれだけ準備できるかによって，子どもの学力や進路選択に支障が生じてしまう。経済的に余裕のない世帯の子どもたちが進学をあきらめてしまうことにより，子どもの能力だけでなく，その後の職業選択に不利益が生じてしまうことが懸念される。

4）子どもの貧困と社会性への影響

子どもにとって友人との関係を築くことは，他者とのつながりをつくり，社会の中での自分を確立するなど，生きていく上での重要な役割を果たすことになる。家族の経済状況により，習い事や塾，持ち物など子どもたちの制限されるものが多くなってしまうと，子ども同士の共通の話題や遊ぶ機会の頻度が減

第Ⅰ部●子ども家庭福祉の今を学ぶ

少し，友人関係を築くことを難しくする可能性がある。

　貧困が要因となって，友人からいじめや差別の対象となることがあれば，自尊感情が低下し，保育所や学校などに馴染むことが難しくなってしまう。

　近年問題となっている**ヤングケアラー**には，家計を支えるために親の代わりに労働や家事を担う子どもも含まれている。友人と交流する時間が制限されてしまい，学校帰りに友人から「遊びに行こう」と誘われてもアルバイトが忙しく，断わる機会が多くなってしまう。このような要因が，いじめや差別の誘因となり社会性が失われてしまうこともある。

（4）子どもの貧困と虐待

　こども家庭庁による「子ども虐待対応の手引き」において，虐待につながる保護者の要因として，経済的要因が挙げられている。子育てに不可欠である時間や情報，人間関係，ゆとりを経済的な貧困が奪ってしまい，子どもに対する虐待のリスクを高めてしまうことを示している。事例においてもB君に対するネグレクトと心理的虐待が生じていた。

　事例のMさんのように，「いつ経済的に余裕のある生活ができるのか，先が見えないことに不安を感じています」。「私のようなひとり親家庭にはどのような支援があって誰に相談してよいのかわかりません。経済的に厳しい生活をしていることは恥ずかしくて相談できません」というように，経済的貧困が心の余裕をなくしてしまうのと同時に，先の見えない不安を抱いていることが虐待の要因になっていることを忘れてはならない。

3──子どもの貧困に対する取り組み

（1）経済的な貧困を解消する制度

　生活保護は，最低生活の保障と自立の助長を図ることを目的として，その困窮の程度に応じ，必要な保護を行う制度である。生活，住宅，教育，医療，介護，出産，生業，葬祭の8種類の扶助がある。生活扶助は日常生活に必要な費用が，住宅扶助は家賃が支給される。教育扶助においては義務教育を受けるために必要な学用品費が支給され，生業扶助は就労に必要な技能の習得等にかか

る費用が支給されるが，高等学校等に就学するための費用を含むとされている。また，医療扶助は，本人の負担なく医療機関を受診することができる。

児童扶養手当は，低所得のひとり親へ給付される手当である。受給者の所得や子どもの人数に応じて支給の金額が決定する。なお，生活保護を受給している家庭において児童扶養手当は収入として認定されるので，生活保護の支給費から差し引かれる。

（2）子どもの生活・学習支援事業

子どもの生活・学習支援事業は，教育の機会の保障と貧困の連鎖を防止するため，生活保護受給世帯を含む生活困窮世帯の子どもを対象に学習支援を行う事業である。勉強を教えるだけでなく，居場所づくりや日常生活の支援，親への養育支援などを通じて，子どもの将来の自立に向けたきめ細かで包括的な支援を行っている。

高等教育の修学支援制度は，低所得世帯や児童養護施設などで生活している子どもたちを対象に，大学，短期大学，高等専門学校，専門学校への進学において授業料等の減免と給付型奨学金の受給ができる。

このような国の支援だけでなく，地方自治体においても貸付制度や生活保護世帯の学習会，進学相談などの学ぶ機会を保障し，貧困で苦しむ子どもたちの不利益を防ぐ努力がなされている。

（3）そ の 他

子ども食堂は民間団体による取り組みである。子どもが一人でも行ける無料または低額の食堂で，全国に9,132か所（2023年度）ある。月に1回開いている所や毎日3食を提供している所など，受け入れ人数も数人から百人規模とその形態もさまざまである。目的は，貧困家庭への食事の提供だけでなく，「孤食」の解消や地域交流の場など地域住民の居場所にもなっている。また，アレルギー除去食の提供や地域の名産を提供している食堂もある。

第Ⅰ部●子ども家庭福祉の今を学ぶ

● 演習コーナー ●

・自分の周りで子ども食堂がどこにあるか調べてみよう。

・ひとり親家庭の母親がダブルワークをしなければならない理由を考えてみよう。

・p.80 の，貧困が子どもに与える影響の事例を読み，あなたが感じたことを
まとめてみよう。

参考文献

・こども家庭庁：令和 3 年 子供の生活状況調査の分析 報告書，2021

・こども家庭庁：こども虐待対応の手引き（令和 6 年 3 月改正版），2024

・厚生労働省：令和 3 年度 全国ひとり親世帯等調査結果の概要，2022

・東京都福祉局・首都大学東京 子ども・若者貧困研究センター：東京都子供の生活
実態調査報告書【小中高生等調査】，2017

・神奈川県福祉子どもみらい局：神奈川県 子どもの貧困対策推進計画2020－2024，
2020

・垣内国光・岩田美香・板倉香子・新藤こずえ編：子ども家庭福祉，生活書院，2022

・秋田喜代美・小西祐馬・菅原ますみ：貧困と保育，かもがわ出版，2018

・浦田雅夫編著：新・子ども家庭福祉〔第 2 版〕，教育情報出版，2024

・厚生労働省・こども家庭庁：子ども貧困対策の推進に関する法律の一部改正につ
いて，2024

第Ⅱ部　子ども家庭福祉の歴史としくみを学ぶ

第**8**章　子どもの福祉の歴史

●●●アウトライン●●●

1. 欧米の子ども家庭福祉の歴史

要点

◎イギリスの子ども家庭福祉は，産業革命以降，工場法に始まり，孤児院バーナード
ホーム，児童虐待防止法，児童法など1900年代かけて実践や施策が相次いだ。

◎アメリカでは19世紀初頭から慈善活動が活発となり，ハル・ハウスは福祉の拠点
となった。20世紀に入ると連邦児童局の創設や社会保障法による要扶養児童扶助，
戦後は障害児や貧困児童に向けたヘッド・スタート・プログラムが始まった。

キーワード

救貧法　工場法　劣等処遇の原則　慈善組織協会（COS）　バーナードホーム
ベヴァリッジ報告　ノーマライゼーション　児童援護協会（CAS）　ハル・ハウス
児童虐待防止協会　ヘッド・スタート・プログラム

2. 日本の子ども家庭福祉の歴史

要点

◎戦前日本は救貧施策を行っていたものの，子どもに特化した福祉の取り組みは，民
間の慈善活動家によるものが主流であった。

◎戦後は日本国憲法に定める基本的人権に基づき，児童・障害者・高齢者等の福祉に
向けた法制度が整備され，平成期以降は子育て支援施策が矢継ぎ早に整備された。

キーワード

恤救規則　日本国憲法　児童福祉法　児童憲章　身体障害者福祉法
知的障害者福祉法　老人福祉法　エンゼルプラン　新エンゼルプラン
子ども・子育て支援新制度

3. 子どもの権利に関する歴史〜国境を越えて〜

要点

◎産業革命以降，子ども観の変遷に伴い，子どもの権利が世界的に認識されるように
なっていった。国連が採択した「児童の権利に関する条約」では，子どもが「権利
をもつ主体」として明記されている。

キーワード

ルソー　ペスタロッチ　デューイ　エレン・ケイ　世界児童憲章　ジュネーブ宣言
世界人権宣言　児童権利宣言　国際人権規約　児童の権利に関する条約

第Ⅱ部●子ども家庭福祉の歴史としくみを学ぶ

　本章では，まずイギリスとアメリカの子ども家庭福祉の歴史を学ぶ。次に，日本の子ども家庭福祉の歴史を学ぶ。そして最後に，子どもの人権の歴史を通じ，国を超えた子ども家庭福祉の視点を学ぶ。第1章で学んだ子どもの人権の背景には，多くの人々の子どもに対する思いと努力がある。本章では福祉の歴史を振り返りながら，先人たちの思いを学び，自身の子ども観や保育観を深めてほしい。

1————欧米の子ども家庭福祉の歴史

（1）イギリスの子ども家庭福祉の歴史

　中世，地主は土地を所有し，農民を支配していた。農民は土地を所有していないため，地主に厳しい年貢を取り立てられながらも地主を頼らざるを得ず，農民同士でお互いに助け合って生活していた。一方で，地主にとって農民は大切な労働力であった。そのため，飢饉の際には慈善的な支援を行った。しかし，労働力にならない孤児や高齢者・障害者に対しては，教会が支援を担っていた。都市では共同体ギルドが形成され，子どもは5～6歳になると徒弟となって職業訓練を受け，「小さな大人」として扱われていた。

　やがて各地で戦争が起こり，浮浪者や土地を追われる農民が発生し，貧困者が急増した。1500年代中ごろには，物乞いをしながら家族で放浪生活を送ったり，人々を怖がらせるような集団が発生したりと，不安定な状況になった。こうした中，「救貧法」と呼ばれる貧困者対策の法律が1531年に制定された。その後，情勢に合わせて改正が重ねられた。特に1572年から1601年までに制定された救貧法は「エリザベス救貧法」と総称されている。教会を中心として行ってきた救貧対策を，国家が実施するという転換を行った。また，貧困者の状況別に対策を行った。「労働能力のある貧民（有能貧民）」には労働を強制し，「労働能力がない貧民（無能貧民）」には生活の扶養を与え，「親に扶養する能力がない子ども」には徒弟を強制したのである。

　1760年代に入ると産業革命が起こった。製品を作るための工程が手作業から機械に変わって効率が上がり，大量生産が可能になったのである。それまで労働者は何年もかけて手作業技術を身につけたが，工場では誰もが簡単に作業で

きるようになった。子どもは安い賃金で雇われ，劣悪な環境で働いた。こうした状況を受け，1802年に子どもを守るための**工場法**（「徒弟の健康および道徳を保護するための法律」）が成立した。就業可能年齢を9歳と定め，18歳までの労働時間を12時間までとしたのである。**ロバート・オウエン**は教育の重要性をふまえ，経営していた工場内に1816年**性格形成学院**を開設した。

ヨーロッパ各地では，フランス革命などにより不安定な状況が続いていた。産業革命によって貧富の差が拡大し，市民は厳しい生活を送っていた。

イギリスでは1834年に「**新救貧法**」が制定された。「新救貧法」は，**劣等処遇の原則**（救済対象者の生活レベルは，最下層労働者より下），**ワークハウス・システム**（施設の中で救済を行う），**全国統一の原則**（全国統一基準による救済）を基本とした。その背景には，救貧制度の維持には税負担が増し，政府は経費削減を図る必要があった。そのため，施設を劣悪な環境にした。入所者の数を抑制するとともに，勤勉な労働を促す方針が取られた。しかし「貧困は個人の責任」や「道徳観の欠如」とする考えへの批判が強まり，救貧制度の限界が次第に明らかになった。

1850年代，イギリスは繁栄したが，貧富の差はさらに拡大した。こうした中，「富める者は貧しい者に手をさしのべる義務がある」との考えが広まり，救済活動が活発化した。1869年には**慈善組織協会（COS）**が設立され，活動が体系化された。一方，オックスフォード大学とケンブリッジ大学の学生らは，バーネット夫妻と協力し，**トインビー・ホール**を拠点に**セツルメント活動**を行った。セツルメントは，貧しい人々が多い街に住みながら，友人・隣人としての関係を背景に生活改善を図る活動である。COSは「貧困は個人の問題」としたが，セツルメントは「貧困は社会の問題」とした点に違いがある。

1870年には，バーナードが孤児院**バーナード・ホーム**を設立し，「貧しい子どもは誰でも受け入れる」という基本的姿勢で運営された。1883年にリバプールで児童虐待防止協会が設立され，1889年には「児童虐待防止法」が制定された。1906年に「学校給食法」，1907年に「学校保健法」，1908年に「児童法」が相次いで成立した。

1919年にはセーブ・ザ・チルドレン（児童救済基金）をエグランタイン・ジェブが設立する。第一次世界大戦後に飢えに苦しむ子どもを救うため「私に

は11歳以下の敵はいない」として，敵の国の子どもも含めた支援を開始した。

第二次世界大戦中の1942年，戦後の再建について調査・検討した**ベヴァリッジ報告**が公表された。「揺りかごから墓場まで」の一生涯を通して，国が全国民に対して最低生活保障を行う**ナショナルミニマム**は，他の国々にも影響を与えた。1945年に「家族手当法」，1948年に「児童法」などが成立。イギリスは福祉国家のスタートを切った。しかし，世界中を襲った不況に加え，朝鮮戦争が過重な負担になり，制度の見直しを余儀なくされたのである。

その後，**シーボーム報告**（1968年）などにおいてコミュニティを生かした福祉が提言された。また，1950年代にスウェーデン，デンマークなどで発展した**ノーマライゼーション**の思想も取り入れ，知的な障害のある人々を地域の小規模施設やグループホームへ移行させる**コミュニティ・ケア**が進められた。こうした取り組みが積み重ねられ，1990年に「コミュニティ・ケア法」が制定された。民間業者を活用し，生まれた場所や家族・コミュニティでケアを受けるのである。現在では，ノーマライゼーションからソーシャルインクルージョンの視点により政策が営まれている。

（2）アメリカの子ども家庭福祉の歴史

イギリスの植民地時代から南北戦争終結まで奴隷制度が実施され，長い間人種問題として尾を引いた。植民地時代に成功を求めて移住したものの，仕事がなく，困窮する人々が増え，教会を単位とした救貧制度を採る地域も出てきたが，独立後は郡を単位とした救貧制度を実施し，教会と分離させた。

19世紀初頭には慈善事業が活発になり，**AICP**（**貧民状態改良協会**）や**CAS**（**児童援護協会**）などが設立された。自身の財産と生命を守る社会をつくることを目的とし，街にいる危険な青少年を中西部の農家に送り込む組織も存在した。

1873年にはさらに不況が深刻になり，**慈善組織協会**が各地で誕生した。一方，1889年にジェーン・アダムズが**ハル・ハウス**を設立した。アダムズは，トインビー・ホールを訪ね，セツルメントを学んだのである。ハル・ハウスは子どもや移民問題の拠点ともなった。また，1874年にはニューヨークで**児童虐待防止協会**が設立された。1909年に「**第1回児童福祉白亜館会議（子どもに関するホワイトハウス会議）**」が開催され，「児童は緊急なやむを得ない理由がない

限り，家庭生活から引き離されてはならない」という声明が発表された。そして子どもの育成が「未来の国民育成」と位置づけられ，連邦児童局の創設につながった。

第一次世界大戦後アメリカは好景気であったが，1929年の株価大暴落を受け，**世界恐慌**と呼ばれる大不況が起きた。1933年，大統領に就任したルーズベルトは，国（連邦政府）が積極的に経済を立て直す**ニューディール政策**を行い，失業者対策として公共事業による雇用機会をつくった。貧困者・高齢者・母子家庭などへの支援制度として，1935年に「社会保障法」が成立した。この際，要扶養児童扶助（後に「児童扶養家庭に対する公的扶助」略称 AFDC）制度が開始された。扶養が必要な子どもがいる家族を対象としたものである。

1960年代には，貧困者が急増した。1962年時点で，全人口の5分の1にあたる3,500万人の貧困者がいた。1964年，リンドン・ジョンソン大統領は貧困と人種的不公平の廃絶を目指し，社会への平等な接続・参加を保障する**機会の平等**を打ち出した。これを受け「公民権法」が制定され，人種や肌の色，宗教，性別，出身国による差別が禁止された。また，食料扶助として**フードスタンプ**（食料が購入可能なチケット）も開始された。さらに，医療費の公費負担として65歳以上の高齢者に対する**メディケア**と，低所得者に対する**メディケイド**が実施された。皆保険制度ではないアメリカでは，貧困者に対する医療が無視できなくなってきたのである。

1965年，**ヘッド・スタート・プログラム**が開始された。これは低所得家庭の5歳までの幼児と身体障害児を対象に，医療・栄養，教育などを支援し，学校や社会への適応を目指す事業である。調査研究から，低所得家庭の子どもは小学校就学前から学力が低いことと，高校退学率が高いことが明らかになった。こうした低所得家庭の子どもへの支援が不可欠であると判断されたのである。

2──日本の子ども家庭福祉の歴史

（1）明治期以前

四天王寺（現・大阪市）という寺院を聖徳太子が593年に建立し，この中に「**四箇院の制**」と呼ばれる制度を設けた。これが日本における救済制度の始ま

りといわれている。この敷地内に，寺院である敬田院のほか，病院にあたる療病院，薬草を栽培して製薬を行った施薬院，身寄りのない子どもや高齢者のための施設である悲田院の4施設を設けたのである。この取り組みは，仏教的な慈善活動の始まりともいわれている。

718年には助け合いの制度である戸令が設けられた。これは，高齢者や病気の人，父のいない子どもを近親者が支え，近親者がいない場合は近隣の人々が支えるものであった。この中に入ることができない者には寺院が救済した。こうした助け合いを基本とした制度が長らく続いた。

（2）明治期から第二次世界大戦中（1945〈昭和20〉年）まで

1871（明治4）年，「**棄児養育米給与方**」が公布された。15歳までの棄児（幼いころに捨てられた子ども）の養育者に対し，毎年米7斗が支給されるものである。経済活動が停滞し，東京では貧民が増加し，生活困窮者や病者などに対応するために1873（明治6）年に**養育院**が設けられ，棄児などの子どもを含めた生活困窮者が収容された。1874（明治7）年に「**恤救規則**」が公布され，貧民政策が内務省の統括となった。身寄りと仕事がない障害者や高齢者，13歳以下の孤児などが対象者となり，孤児に対して米が支給された。

子どもの施設としては，現在の児童養護施設の起源となる施設の設立が民間の慈善事業家によって行われた。主なものとして，1872（明治5）年にフランス人修道女の**ラクロット**が横浜に**仁慈堂**（一部資料に「慈仁堂」とも）を設立している。1874（明治7）年には岩永マキらによって**浦上養育院**が，1879（明治12）年には仏教各宗派を越えた僧侶たちの協力によって**福田会育児院**が設立された。また1887（明治20）年には**石井十次**によって**岡山孤児院**が設立され，さらに1899（明治32）年には**東京孤児院**が設立された。

1890（明治23）年，**新潟静修学校**に保育施設が設けられた。当時，子どもは労働力として重要視され，特に女児の就学率が低かった。そこで，年下のきょうだいや近所の乳幼児を連れて登校し，授業中も面倒を見る「子守学校」が設置された。しかし，子守を行うことで学習が妨げられていた。そこで，**赤沢鐘美・仲子夫妻**は，子どもが安心して学べるよう，保育施設を設置した。やがて地域の幼い子どもも預かるようになり，これが日本初の保育所となった。

第8章 ●子どもの福祉の歴史

　1900（明治33）年には，**野口幽香**と**森島（斎藤）峰**が，貧しい労働者の子どもにこそ教育が必要であると，**二葉幼稚園**を設立した。しかし，当時の幼稚園は裕福な家庭の子どもに保育を行う位置づけであり，貧しい労働者の子どもを対象としていた二葉幼稚園の実態とは大きくかけ離れていた。そのため，1916（大正5）年に名称も**二葉保育園**へ変更した。

　1883（明治16）年，大阪の**池上幸枝**が自宅に**感化院**を設立し，1885（明治18）年には**高瀬真卿**が東京に**予備感化院**（翌年に東京感化院と改称）を設立，翌1886（明治19）年には**服部元良**が**千葉感化院**を設立した。1899（明治32）年にはアメリカで感化教育を学んだ**留岡幸助**が，感化院としての活動を始めている。1900（明治33）年には，非行少年の感化院における入所・更生を目的とした「感化法」が制定された。その後，沖縄県を除く各道府県に感化院または代用感化院が設置された。

　1897（明治30）年には知的障害児の施設である**滝乃川学園**を**石井亮一**が開設した。石井亮一は，立教女学校の教頭を務める傍ら，孤児を対象とした東京救育院を運営していたが，同年発生の濃尾地震を発端に女子が身売りされていることを知り，1891（明治24）年に孤女学院を設立する。この中に知的に障害のある子どもがいたことがきっかけで知的障害に関心をもち，研究を重ね，「滝乃川学園」へと名称を変更し，知的障害児を専門とする施設へ移行した。

　1937（昭和12）年には13歳以下の子を養育する母親で配偶者を欠き，生活あるいは養育できない場合を救済対象とする「母子保護法」が制定され，また，1938（昭和13）年には「社会事業法」が制定された。1941（昭和16）年1月にはスローガン「産めよ，増やせよ」が閣議決定されている。機械化が遅れていた状況で，人は何物にも代えられない重要な資源であった。同年12月，日本はアメリカと戦争状態に入る（第二次世界大戦・太平洋戦争）が，資源が乏しく高度な武器がない日本にとっては，人的資源が不可欠であった。こうした背景により，急速に福祉・医療政策の整備が進められたのである。

　一方，1942（昭和17）年には，**整肢療護園**が開園する。開園に携わった**高木憲次**は肢体不自由者の調査を行った際，治療に専念すれば教育の機会を失い，教育を受ければ治療の機会を失う実態を知り，治療と教育を同時に受ける「教療所」の必要性を主張した。

91

（3）終戦（1945〈昭和20〉年）から1988（昭和63）年

　1945（昭和20）年8月に終戦を迎えた。空襲を受けた地域を中心に，戦災孤児と呼ばれる身寄りのない子どもたちが食うや食わずの生活を送り，中には犯罪に手を染める者もいた。保護対策は効果が上がらず，施設も戦災により減少していたため，戦災孤児を十分に保護することができていなかった。一方，1946（昭和21）年には，**糸賀一雄**が児童養護施設と知的障害児施設の機能をもつ**近江学園**を設立した。糸賀は1963（昭和38）年に重症心身障害児施設である**びわこ学園**も設立し，子ども自身が輝く素材であり，この素材をさらに輝かそうと「この子らを世の光に」の言葉を象徴として，精力的に活動した。また1946（昭和21）年には，「**日本国憲法**」が公布された。この憲法公布に先立ち，同年に「生活保護法」が公布・施行されたが，保護の対象を制限したものであった。そのため，憲法第25条の「生存権」に基づき，対象者の制限を廃止し，扶助の内容も強化した形で1950（昭和25）年に全面改正された「生活保護法」も制定されたが，統合される形で「母子保護法」が廃止されている。

　1947（昭和22）年には「**児童福祉法**」が制定された。「児童福祉法」はすべての子どもを対象としたが，当時は戦災孤児対策が最重要課題であった。1951（昭和26）年には「**児童憲章**」が制定される。「日本国憲法」，「児童福祉法」，「児童憲章」の制定を通して，日本は戦前の「産めよ，増やせよ」から決別し，子どもを愛護する対象として位置づけたのである。一方，「児童福祉法」が成立したことを受け，1933（昭和8）年成立の「児童虐待防止法」が「児童福祉法」に統合される形で廃止された。1947〜49年頃は毎年の出生数約270万人，合計特殊出生率は4.3を記録し，第1次ベビーブームと呼ばれた。

　1949（昭和24）年には「**身体障害者福祉法**」が制定された。「生活保護法」「児童福祉法」「身体障害者福祉法」の3つの法律は「**福祉三法**」と呼ばれ，福祉における主要な法律との位置づけがなされた。

　1951（昭和26）年に社会福祉事業法が制定された。1959（昭和34）年成立の「国民年金法」により，すべての国民が年金に加入する**皆年金制度**へ移行した。また，1958（昭和33）年成立の「国民健康保険法」により，すべての国民が医療保険に加入する**皆保険制度**へ移行した。

　1960（昭和35）年には「**精神薄弱福祉法（現・知的障害者福祉法）**」が，

第8章●子どもの福祉の歴史

1963（昭和38）年には「**老人福祉法**」が制定された。翌1964（昭和39）年，母子家庭に対する抜本的な支援が必要なことから，「**母子福祉法（現：母子及び父子並びに寡婦福祉法）**」が制定される。これらは，先の「福祉三法」と合わせて「**福祉六法**」と呼ばれる重要な位置づけになっている。1965（昭和40）年には，「**母子保健法**」も制定され，母を守ることで子どもが健やかに生まれ，育つための基盤が整備された。

1964（昭和39）年に重度精神薄弱児扶養手当が成立した。これは，先の「精神薄弱福祉法」の成立を受け，家庭で重度の知的障害児を扶養している者を対象としたもので，のちに，1966（昭和41）年に「特別児童扶養手当法」となり，さらに現在では「**特別児童扶養手当等の支給に関する法律**」へと名称が変更され，対象者の範囲も拡大している。

1971（昭和46）年，「**児童手当法**」が施行された。これに加え「児童福祉法」「児童扶養手当法」「特別児童扶養手当法（現：特別児童扶養手当等の支給に関する法律）」「母子福祉法」「母子保健法」の6つは「**児童福祉六法**」と呼ばれ，児童家庭福祉の重要な法律と位置づけられた。第1次ベビーブーム後，出生数，合計特殊出生率とも減少したが，1957（昭和32）年に底を打ち，徐々に上昇，1971～74年には第2次ベビーブームを迎える。第1次ベビーブームで誕生した子どもが成人し，出産する人々が増えたのである。出生数は約200万人，合計特殊出生率は2.1であった。

1981（昭和56）年，「母子福祉法」は「母子及び寡婦福祉法（現：母子及び父子並びに寡婦福祉法）」に改正された。母子家庭の子どもが成人した後，母親が引き続き困窮した状況が多く，「寡婦」にも対象を広げたのである。

（4）平成期・・・1989（平成元）年から現在

1989（平成元）年，「**児童の権利に関する条約（子どもの権利条約）**」が国連で採択され，日本は1994（平成6）年に批准した。こうした中で合計特殊出生率が1989（平成元）年に当時の過去最低値1.57を記録し，「**1.57ショック**」として取り上げられ，少子化が国民に認識されるようになった。子どもを生み，育てやすい環境に向けた対応が検討され，子育て支援などの対策が採られるようになった。一方，「子どもの権利条約」では，子どもの養育と発達は父母・

93

第Ⅱ部●子ども家庭福祉の歴史としくみを学ぶ

保護者が第一義的責任を負うとしながらも，国が父母・保護者に対して適切な援助を与えると規定しており，条約批准に向けた対応と少子化対策の両面から子育て支援を行う必要が出てきた。1994（平成6）年には「今後の子育て支援のための施策の基本的方向について」（通称：**エンゼルプラン**）が策定された。その実施をふまえ，1999（平成11）年には「少子化対策推進基本方針」の策定と，これに基づく「重点的に推進すべき少子化対策の具体的実施計画について」（通称：**新エンゼルプラン**）が策定された。

1997（平成9）年，「児童福祉法」の改正により，保育所入所が措置制度から，選択利用制度となった。また，1999（平成11）年には，「保母」の名称が「保育士」へ変更された。

1999（平成11）年，「社会福祉基礎構造改革について」が取りまとめられた。深刻な少子高齢化の推計から，財源不足が予想されることから，行政の体力があるうちに福祉サービスの基礎を改善しようとするものである。これをふまえ，社会福祉制度の基本的な枠組みを定めていた「社会福祉事業法」を改正する形で，翌2000（平成12）年に「社会福祉法」が成立した。同年には，児童虐待の社会問題化を背景として「**児童虐待の防止等に関する法律**（略称「児童虐待防止法」）」が制定された。児童虐待への対応については「児童福祉法」に規定されていたが，虐待の定義の明確化や対応機能の強化などを図り，関係者や国民への啓発の必要から法の制定となった。この頃，児童虐待の相談件数が増加し，「児童福祉法」のみでは対策が難しくなったのである。2001（平成13）年，「児童福祉法」が改正され，「保育士」が名称独占となり，資格をもっていない者が保育士を名乗ることはできなくなった。

わが国の離婚件数は1996（平成8）年以降，毎年20万件を超えるようになり，父子家庭も増加傾向にあった。父子家庭も母子家庭同様に経済的問題などを抱え，こうした背景により，2003（平成15）年，「母子及び寡婦福祉法」の名称はそのままに，支援対象を父子家庭まで拡大させた。子どもの貧困対策も取り入れたひとり親家庭支援を強化するものであり，2014（平成26）年には名称を「母子及び父子並びに寡婦福祉法」に変更した。

2015（平成27）年，「子ども・子育て支援法」「認定こども園法」の一部改正法，「子ども・子育て支援法及び認定こども園法の一部改正法の施行に伴う関

係法律の整備等に関する法律」の子ども・子育て関連３法に基づいて「**子ども・子育て支援新制度**」が開始された。乳幼児期の教育や保育，子育て支援について，量的拡大と質的向上を目指したものである。

2016（平成28）年の「児童福祉法」改正では，第１条と第２条が制定以降初めて見直され，児童福祉の理念と子どもが権利主体であることを明確にした。また第３条の２，第３条の３が新設され，国および地方公共団体の責務，社会的養護の実施には家庭同様の環境での養育を基本とする内容が加えられた。

2022（令和４）年には子どもの人権や発達を保障するため，こども施策の推進を目的とした「こども基本法」が成立し，このこども施策の司令塔となる行政機関として2023（令和５）年４月，「こども家庭庁」が発足した。

2023年12月には，こども基本法に基づき，政府の基本的方針等を定める「こども大綱」と，「次元の異なる少子化対策の実現に向けて」と題した「こども未来戦略」が閣議決定された。

3──子どもの権利に関する歴史～国境を越えて～

産業革命以降，子どもは安価な労働力として重宝され，長時間の過酷な労働を余儀なくされた。当時の子ども観には，子どもの命や将来に対する視点が乏しかった。今日の子ども観や子ども家庭福祉の理念ができるまでには，多くの人々がかかわっている。ここでは国の枠にとらわれないで歴史の理解を深めるとともに，第１章の学びをさらに深めていきたい。

アダム・スミスは『国富論』（1776年）において，教育によって有能な労働者を育てることが可能だとした。子どもを「今の労働力」としてではなく「将来の労働力」としてとらえたのである。こうした子ども観の変化は，**ジャン＝ジャック・ルソー**や，ルソーに影響を受けた**ペスタロッチ**にもみることができる。特に貧しい子どもたちへの慈善事業や教育を実践したペスタロッチは，ロバート・オウエンやフレーベルにも影響を与えている。

ジョン・デューイは1899年に『学校と社会』を著し，日本にも多大な影響を与えた。その翌年，スウェーデンの**エレン・ケイ**が『児童の世紀』を著した。ケイは「20世紀は子どもの世紀」とし，ルソーやペスタロッチの流れをくみな

がら「児童中心主義」として思想を昇華させた。「家庭」の重要性を説き，労働で疲れている母親と，無家庭状況に置かれた子どもを救い出そうと，女性を家庭に呼び戻す母性保護政策を提案した。ケイの思想は日本にも大きな影響を与えた。「児童中心主義」が高まる中，1919年にエグランタイン・ジェブが**セーブ・ザ・チルドレン**を設立し，1922年の「**世界児童憲章**」，1924年の国際連盟「**児童の権利に関するジュネーブ宣言**」へと思想がつながるのである。

1948年，国際連合において「**世界人権宣言**」が採択され，「すべての人民とすべての国とが達成すべき共通の基準」を宣言した。1950年の総会においては，毎年12月10日を「人権デー」とし，世界中で記念行事を行うことが決議された。一方，この頃の日本では「児童福祉法」や「児童憲章」が制定された。子どもは将来の戦力から転換し，すべての子どもが愛護の対象であり，社会の一員として重んぜられることとなった。

1959年，国際連合において「**児童権利宣言**」が成立する。これは児童の権利を具体化しようとするものである。1966年には「**国際人権規約**」が総会で採択された。人権諸条約の中で最も基本的かつ包括的な内容であり，「経済的，社会的及び文化的権利に関する国際規約」（社会権規約，A規約）と，「市民的及び政治的権利に関する国際規約」（自由権規約，B規約）で構成されている。

1989年には，国際連合において「**児童の権利に関する条約（子どもの権利条約）**」が採択された。「児童の権利に関する宣言」は実施状況が思わしくなかったが，「宣言」から「条約」へ昇格させる案が提出された。この中に従来の「子どもは保護される存在」から「子どもは権利をもつ主体」へと子ども観を大きく転換するポーランドの発案があった。第二次世界大戦でナチスドイツの占領下に置かれたポーランドでは，ユダヤ人に対する迫害が始まり，多くの国民がホロコーストの犠牲になった。その1人が**ヤヌシュ・コルチャック**である。コルチャックは「保護された子ども」を否定し，子どもは善でも悪でもない，さまざまな可能性をもつ「子ども」という子ども観をもっていた。院長を務めていた孤児院では，大人も子どもも同じ人間として等しく扱われ，「子どもの権利」を実践していたのである。コルチャックは孤児院の子どもたちと一緒に，ホロコーストの犠牲になった。コルチャックの子どもに対する思いを受け継ぎ，ポーランドの人々が世界に伝え，条約として結実させたのである。

第8章●子どもの福祉の歴史

```
● 演習コーナー ●
・社会福祉のテキストも参考に，日本・欧米の福祉の年表をつくってみよう。
 大きな社会的，政治的出来事も書き加え，福祉との関連を考えよう。
・本章に登場した人物を１人選び，詳しく調べてみよう。
```

参考文献

・松本峰雄編著：改訂子どもの福祉，建帛社，2013，pp.79 - 90
・右田紀久恵・高澤武司・古川孝順編：社会福祉の歴史，有斐閣，2004
・清水教惠・朴光駿編：よくわかる社会福祉の歴史，ミネルヴァ書房，2011
・山縣文治・岡田忠克編：よくわかる社会福祉 第10版，ミネルヴァ書房，2014
・山縣文治・柏女霊峰編：社会福祉用語辞典 第９版，ミネルヴァ書房，2013
・吉田久一・岡田英己子：社会福祉思想史入門，勁草書房，2000
・吉田久一：新・日本社会事業の歴史，勁草書房，2004
・網野武博「児童福祉法改正の評価と課題─児童家庭福祉の理念および公的責任」，
 季刊社会保障研究，34 - 1，pp. 4 - 13，1998
・乙訓稔「子どもの権利論の系譜と展開─E・ケイとJ・コルチャックを焦点とし
 て」，生活科学部紀要，46，実践女子大学，2009，pp.61 - 71
・朴光駿：社会福祉の思想と歴史，ミネルヴァ書房，2004
・井村圭壯・藤原正範編著：日本社会福祉史，勁草書房，2007
・松村祥子編著：欧米の社会福祉の歴史と展望，放送大学教育振興会，2011
・松本なるみ：戦後草創期の保育所─元保育所保母の語りを手がかりに─，文京学
 院大学人間学部研究紀要，11巻１号，pp.197 - 212，2009
・室田保夫編著：人物で読む西洋社会福祉のあゆみ，ミネルヴァ書房，2013
・室田保夫編著：人物でよむ近代日本社会福祉のあゆみ，ミネルヴァ書房，2006
・吉田明弘編著：児童福祉論（改訂版），八千代出版，2014
・古川孝順・金子光一編：社会福祉発達史キーワード，有斐閣，2009

第Ⅱ部　子ども家庭福祉の歴史としくみを学ぶ

第9章　子ども家庭福祉の制度と法体系

● ● ● アウトライン ● ●

1. 子ども家庭福祉に関する法体系

要　点

◎子ども家庭福祉に関する施策は，日本国憲法（特に第25条）および「児童の権利に関する条約」などを基盤とした，多岐にわたる法令によって規定されている。

キーワード

日本国憲法　生存権　児童の権利に関する条約

2. 子ども家庭福祉に関する法律

要　点

◎子ども家庭福祉に直接かかわる法律として，児童福祉六法（児童福祉法，母子及び父子並びに寡婦福祉法，母子保健法，児童扶養手当法，特別児童扶養手当等の支給に関する法律，児童手当法）があり，これらの法律によって子どもとその家庭の権利や生活などが守られている。

◎こども基本法は，こども施策を社会全体で推進するための包括的な基本法であり，こども施策の基本理念などが示されている。

◎児童福祉六法以外にも，児童虐待の防止等に関する法律，児童買春，児童ポルノに係る行為等の規制及び処罰並びに児童の保護等に関する法律など，子どもの権利や生活などを守るためのさまざまな法律が定められている。

キーワード

福祉三法　児童福祉六法　こども基本法　児童福祉法
母子及び父子並びに寡婦福祉法　母子保健法　児童扶養手当法
特別児童扶養手当等の支給に関する法律　児童手当法
児童虐待の防止等に関する法律
児童買春，児童ポルノに係る行為等の規制及び処罰並びに児童の保護等に関する法律
配偶者からの暴力の防止及び被害者の保護等に関する法律
育児休業，介護休業等育児又は家族介護を行う労働者の福祉に関する法律
発達障害者支援法　障害者総合支援法　少年法

1── 子ども家庭福祉に関する法体系

（1）子ども家庭福祉と「日本国憲法」

　子ども家庭福祉に関するさまざまな施策の根幹となっているのは「日本国憲法」である。第25条では，「すべて国民は，健康で文化的な最低限度の生活を営む権利を有する。②国はすべての生活部面について，社会福祉，社会保障及び公衆衛生の向上及び増進に努めなければならない」と生存権の保障と国の保障義務について定めており，子ども家庭福祉を含めた社会福祉全体の法的基盤と位置づけられている。また，第26条では，教育を受ける権利および義務教育について，第27条では，勤労の権利と義務および児童酷使の禁止について定められており，子どもの権利について明記されている。

（2）法令の種類

　子ども家庭福祉を含む社会福祉に関する制度やサービスは，多岐にわたる法令によって規定されている。法令とは，法律および命令，条例などを指し，上位の法が優先され，上位の法に反する下位の法は効力をもたないとされている。上位の法から順に示すと，日本国憲法，条約，法律，命令（政令，府令，省令，規則など），条例等と続く。なお，**条約**とは，国家同士あるいは国際連合などの国際機関で結ばれる法であり，**法律**とは，国会の議決を経て制定された法である。また，**命令**とは，行政機関が国会の議決によらずに制定した法であり，**条例**とは，地方公共団体の議会の議決を経て制定された法である。

（3）子ども家庭福祉にかかわりのある法令

　子ども家庭福祉施策は，「日本国憲法」および「**児童の権利に関する条約（子どもの権利条約）**」を基盤としたさまざまな法律や命令，条例などによって，総合的・体系的に推進されている（図8−1）。

　「日本国憲法」では，子どもに直接かかわる条文として，先に述べた第25条の生存権規定以外に，第26条：教育を受ける権利（義務教育），第27条：勤労の権利・義務（勤労条件の基準，児童酷使の禁止）がある。また，子どもに深

第Ⅱ部●子ども家庭福祉の歴史としくみを学ぶ

日本国憲法
第11条（国民の基本的人権の永久不可侵性），第13条（個人の尊重），第14条（法の下の平等等），第18条（奴隷的拘束及び苦役からの自由），第19条（思想及び良心の自由），第20条（信教の自由），第21条（集会・結社・表現の自由等），第24条（家族生活における個人の尊重と両性の平等），第25条（生存権），第26条（教育を受ける権利，義務教育）など

条　　約	児童の権利に関する条約　障害者の権利に関する条約　など

法律	こども施策を総合的に推進するための法律		こども基本法
	子ども福祉に直接かかわる法律		児童福祉六法 ①児童福祉法　②児童扶養手当法　③特別児童扶養手当等の支給に関する法律　④母子及び父子並びに寡婦福祉法　⑤母子保健法　⑥児童手当法
	子ども福祉に関連する法律 ※一部略称で記載	社会福祉分野	①社会福祉法　②生活保護法　③身体障害者福祉法　④知的障害者福祉法　⑤精神保健及び精神障害者福祉に関する法律　⑥発達障害者支援法　⑦民生委員法　⑧障害者基本法　⑨社会福祉士及び介護福祉士法　⑩精神保健福祉士法　⑪児童虐待の防止等に関する法律　⑫児童売春・児童ポルノ禁止法　⑬配偶者からの暴力の防止及び被害者の保護等に関する法律　⑭障害者総合支援法　⑮少子化社会対策推進法　⑯次世代育成支援対策推進法　⑰子ども・若者育成支援推進法　⑱子ども・子育て支援法，⑲障害者虐待防止法，⑳障害者差別解消法，㉑こども貧困解消法，㉒生活困窮者自立支援法　など
		教育分野	①教育基本法　②学校教育法　③社会教育法　④特別支援学校への就学奨励に関する法律　⑤食育基本法　⑥認定こども園法　など
		労働分野	①労働基準法　②職業安定法　③最低賃金法　④勤労青少年福祉法　⑤障害者の雇用の促進等に関する法律　⑥育児休業，介護休業等育児又は家族介護を行う労働者の福祉に関する法律　など
		社会保険分野	①健康保険法　②国民健康保険法　③厚生年金保険法　④国民年金法　⑤労働者災害補償保険法　⑥雇用保険法　など
		医療・公衆衛生分野	①学校保健安全法　②学校給食法　③感染症法　④地域保健法　⑤医療法　⑥予防接種法　⑦母体保護法　など
		司法分野	①民法　②刑法　③戸籍法　④少年法　⑤少年院法　⑥家事審判法　⑦保護司法　⑧刑事訴訟法　⑨売春防止法　⑩覚醒剤取締法　⑪麻薬及び向精神薬取締法　など

命令	政令	児童福祉法施行令　児童扶養手当法施行令，母子及び父子並びに寡婦福祉法施行令　など
	省令	児童福祉法施行規則，児童福祉施設の設備及び運営に関する基準　など

（国の）告示	保育所保育指針，幼保連携型認定こども園教育・保育要領，幼稚園教育要領，学習指導要領　など

（都道府県，市区町村の）　条　　　　例

図9－1　子ども家庭福祉に関する法体系

100

第9章●子ども家庭福祉の制度と法体系

くかかわる規定として第11条：国民の基本的人権の永久不可侵性，第13条：個人の尊重，第14条：法の下の平等，第18条：奴隷的拘束及び苦役からの自由，第19条：思想及び良心の自由，第20条：信教の自由，第21条：集会・結社・表現の自由，第24条：家族生活における個人の尊重と両性の平等などが挙げられる。これらが，子ども家庭福祉に関する多様な施策の根幹となり，さまざまな法令が制定されている。

また，わが国が1994（平成6）年に批准した「**児童の権利に関する条約（子どもの権利条約）**」は，子どもの基本的人権について国際的な標準を示し，日本の子ども家庭福祉施策にも大きな影響を及ぼしている。54条からなる条約では，子どもを「権利の主体」として位置づけ，「生きる権利」「育つ権利」「守られる権利」「参加する権利」を実現するための具体的事項を規定している。

2023（令和5）年4月に施行された「**こども基本法**」は，「こども施策」を社会全体で総合的かつ強力に推進する包括的な基本法であり，「こども施策」の基本理念のほか，「こども大綱」の策定や子ども等の意見の反映などについて定めている。「こども施策」の理念として，以下の6つが示されている。

---

① すべての子どもは大切にされ，基本的な人権が守られ，差別されないこと。
② すべてのこどもは，大事に育てられ，生活が守られ，愛され，保護される権利が守られ，平等に教育を受けられること。
③ 年齢や発達の程度により，自分に直接関係することに意見を言えたり，社会のさまざまな活動に参加できること。
④ すべてのこどもは年齢や発達の程度に応じて，意見が尊重され，こどもの今とこれからにとって最もよいことが優先して考えられること。
⑤ 子育ては家庭を基本としながら，そのサポートが十分に行われ，家庭で育つことが難しいこどもも，家庭と同様の環境が確保されること。
⑥ 家庭や子育てに夢を持ち，喜びを感じられる社会をつくること。

（出典）こども家庭庁：すべてのこども・おとなに知ってほしい　こども基本法とは？，2023，pp.7—8

子ども家庭福祉に直接かかわる法律としては，「**児童福祉法**」を中心として，「児童扶養手当法」「特別児童扶養手当等の支給に関する法律」「母子及び父子並びに寡婦福祉法」「母子保健法」「児童手当法」が挙げられる。

101

第Ⅱ部●子ども家庭福祉の歴史としくみを学ぶ

さらに，子ども家庭福祉に関連のある法律は，社会福祉，教育，労働，社会保険，医療・公衆衛生，司法などのさまざまな分野にわたり，「児童虐待の防止等に関する法律」「障害者総合支援法」「発達障害者支援法」などが挙げられる。

その他にも「児童福祉法施行令」や「児童扶養手当法施行令」などの政令，「児童福祉施設の設備及び運営に関する基準」や「児童福祉法施行規則」などの省令等も子ども家庭福祉施策に大きなかかわりをもっている。また，都道府県や市区町村によって，青少年保護育成条例や子ども条例など，子どもの福祉や健全育成などに関するさまざまな条例が制定されている。

2——子ども家庭福祉に関する法律

（1）児童福祉六法

子ども家庭福祉に直接かかわる法律として，「児童福祉法」を中心に「児童扶養手当法」「特別児童扶養手当等の支給に関する法律」「母子及び父子並びに寡婦福祉法」「母子保健法」「児童手当法」をあわせた**児童福祉六法**がある。

1）児童福祉法

① 制定の経緯

「児童福祉法」は子ども福祉施策の基盤となる法律であり，戦後間もなく生まれた**福祉三法**（生活保護法・身体障害者福祉法・児童福祉法）の1つである。1947（昭和22）年に制定され，翌年施行された。

第二次世界大戦敗戦後の日本は社会全体が混乱した状態に陥り，国民生活は大きな打撃を受けたが，子どもたちも生活や健康，そして時には命にも及ぶ深刻な被害を受けた。街には戦争孤児や浮浪児があふれ，窃盗などの犯罪を繰り返す非行少年が急増し，これらの子どもを保護する法律の整備等が急務とされ，国が中心となって検討が重ねられた。その結果，児童福祉は一部の子どもに限定せず，すべての子どもを対象とすべきだとされた。また，子どもの健全育成と福祉の推進には基本となる法の整備が不可欠とされ，「児童福祉法」が制定された。その後，時代に合わせて幾度にもわたる法改正が行われ，現在に至っている。

102

第9章　子ども家庭福祉の制度と法体系

②　児童福祉法の概要

　「児童福祉法」は第1章：総則，第2章：福祉の保障，第3章：事業，養育里親及び養子縁組里親並びに施設，第4章：費用などにより構成されている。

　第1章の第1条，第2条および第3条では，児童福祉の原理や子どもの育成に関する保護者や国，地方公共団体の責任を示している。第4条では，この法律の対象となる「児童」を満18歳に満たない者と定めた上で，満1歳に満たない者を「乳児」，満1歳から小学校就学の始期に達するまでの者を「幼児」，小学校就学の始期から満18歳に達するまでの者を「少年」，身体に障害のある児童，知的障害のある児童または精神に障害がある児童（発達障害児を含む），および難病患者等を「障害児」と定義している。第5条では，妊娠中または出産後1年以内の女子のことを「妊産婦」，第6条では，親権を行う者及び未成年後見人その他の者で児童を現に監護する者のことを「保護者」と定義し，第7条では，児童福祉施設を示している。第1章ではこのほかにも，児童福祉審議会や実施機関（市町村，都道府県，児童相談所および保健所），児童福祉司，児童委員，保育士等について定めている。

　第2章「福祉の保障」では，療育の指導，小児慢性特定疾病医療費の支給等，居宅生活の支援，助産施設・母子生活支援施設および保育所への入所等，障害児入所給付費や高額障害児入所給付費および特定入所障害児食費等給付費ならびに障害児入所医療費の支給，障害児相談支援給付費および特例障害児相談支援給付費の支給，要保護児童の保護措置，被措置児童等虐待の防止など，福祉の保障のためのさまざまな施策が規定されている。

　第3章「事業，養育里親及び養子縁組里親並びに施設」では，児童福祉に関する事業（障害児通所支援事業，障害児相談支援事業，児童自立生活援助事業，小規模住居型児童養育事業，放課後児童健全育成事業，子育て短期支援事業，一時預かり事業，家庭的保育事業，病児保育事業，子育て援助活動支援事業など），養育里親および養子縁組里親・児童福祉施設（乳児院，母子生活支援施設，保育所，児童養護施設，障害児入所施設，児童発達支援センター，児童自立支援施設など）について規定されている。第4章の「費用」では，主に子ども家庭福祉に要する費用の国，地方公共団体，本人または扶養義務者の負担割合などが定められている。

第Ⅱ部●子ども家庭福祉の歴史としくみを学ぶ

　なお，2016（平成28）年の改正では，児童の福祉を保障するための原理の明確化，要保護児童に対する家庭と同様の環境における養育の推進，2020（令和2）年には，児童虐待防止の強化を図るため一部改正がなされ，親権者が子どものしつけに体罰を加えてはならないことや，児童相談所の体制強化（弁護士・医師・保健師の配置など），関係機関間の連携強化などが定められた。

　2024（令和6）年の改正では，子育て世帯を包括的に支援する体制強化および事業の拡充（こども家庭センターの設置など），社会的養育経験者・障害児入所施設の入所児童等に対する自立支援の強化，意見聴取等のしくみの整備，一時保護開始時の判断に関する司法審査の導入，子ども家庭福祉実践者の専門性の向上，児童をわいせつから守る環境整備等が新たに定められた。

2）母子及び父子並びに寡婦福祉法

　本法は，母子家庭に対する福祉施策を総合的に体系化し，積極的な母子福祉施策を推進していくために1964（昭和39）年に「母子福祉法」として制定され，同年施行された。その後，かつて母子家庭の母であった寡婦についても総合的な福祉施策が求められるようになり，1981（昭和56）年には「母子及び寡婦福祉法」と改められた。2002（平成14）年の法改正では，対象が「母子家庭と寡婦」から「母子家庭等と寡婦」へと拡大され，さらに2014（平成26）年には，「**母子及び父子並びに寡婦福祉法**」に改称され，父子家庭への福祉の措置に関する章（第4章）を創設したほか，母子福祉資金貸付等の支援施策の対象を父子家庭にも拡大するなど，父子家庭への支援が明確に示された。

　母子家庭，父子家庭および寡婦に対する主な福祉の措置としては，母子父子寡婦福祉資金の貸付け，日常生活支援事業，公共住宅への優先入居および家賃の減免，保育所入所についての特別な配慮などがある。

　母子父子寡婦福祉資金とは，母子家庭の母や父子家庭の父および寡婦に対し，低利または無利子で各種資金を貸付けし，母子・父子および寡婦家庭の生活の安定と自立を助けることを目的とする制度であり，就学資金，技能習得資金，生活資金，就学支度資金など12種類ある。また，**ひとり親家庭等日常生活支援事業**とは，母子家庭の母や父子家庭の父が，病気や事故，出張，冠婚葬祭，就職活動その他の理由で日常生活に支障をきたした場合，家庭生活支援員によって家事援助や子育てサービスなどの支援が行われるものである。

104

第9章●子ども家庭福祉の制度と法体系

その他に、母子・父子自立支援員、母子・父子福祉施設（母子・父子福祉センターおよび母子・父子休養ホーム）などについても定められている。

3）母子保健法

本法は、母子保健を総合的かつ体系的に推進することを目指して1965（昭和40）年に制定され、翌年施行された。

第1条においてその目的を「母性並びに乳児及び幼児の健康の保持及び増進を図るため、母子保健に関する原理を明らかにするとともに、母性並びに乳児及び幼児に対する保健指導、健康診査、医療その他の措置を講じ、もつて国民保健の向上に寄与すること」としている。第2条においては「母性は、すべての児童がすこやかに生まれ、かつ、育てられる基盤であることにかんがみ、尊重され、かつ、保護されなければならない」と母性の尊重の理念が述べられている。第3条では「乳児及び幼児は、心身ともに健全な人として成長してゆくために、その健康が保持され、かつ、増進されなければならない」と乳幼児の健康の保持増進について述べられている。なお、母性および乳幼児の保護者には「みずからすすんで、妊娠、出産又は育児についての正しい理解を深め、その健康の保持及び増進に努め」（第4条）ることが求められ、具体的には妊娠の届出、母子健康手帳への記載、低体重児の届出が義務づけられている。

さらに、国および地方公共団体には「母性並びに乳児及び幼児の健康の保持及び増進に努める」（第5条）ことが求められており、具体的な事業として、知識の普及（都道府県・市区町村が実施）、保健指導（市町村が実施）、新生児の訪問（市町村が実施）、1歳6か月児・3歳児健康診査（市町村が実施）、母子健康手帳の交付（市町村が実施）、未熟児の訪問指導（都道府県・保健所設置市・特別区が実施）などが規定され、それぞれの自治体で運営されている。

2016（平成28）年改正では、国・地方公共団体は母子保健施策が児童虐待の発生予防・早期発見に資するものであることに留意しなければならないこと、市町村は妊娠期から子育て期までの切れ目ない支援を提供する**子育て世代包括支援センター**」（法律上は、「**母子健康包括支援センター**」）を設置する努力義務が新たに定められた。2024（令和6）年の改正では、市町村において「**こども家庭センター**」の設置が努力義務となった。これは、「子育て世代包括支援センター」と「子ども家庭総合支援拠点」（虐待や貧困などの問題を抱える

105

第Ⅱ部 ●子ども家庭福祉の歴史としくみを学ぶ

子ども・保護者の支援を担う）を一体化させた相談機関である。

4）児童扶養手当法

本法は，経済的支援が行われてこなかった生別母子家庭に手当を支給するための法律として1961（昭和36）年に制定され，翌年施行された。

「父又は母と生計を同じくしていない児童が育成される家庭の生活の安定と自立の促進に寄与するため，当該児童について児童扶養手当を支給し，もって児童の福祉の増進を図ること」（第1条）を目的としており，ひとり親家庭に対する経済的支援策として重要な役割を担っている。2010（平成22）年8月からは，父子家庭の父も支給対象となった。

児童扶養手当は，18歳に達する日以降最初の3月31日までの子どもを扶養しているひとり親家庭等に支給され，父母の離婚，父または母が死亡もしくは生死不明，父または母が重度障害を有するなどの状態にある子どもを監護し，かつ生計を同じくしている父母または子どもを養育する養育者に支給される。

2024（令和6）年4月現在の手当額は，子どもが1人の場合，全部支給は4万5,500円，一部支給は4万5,490円～10,740円（所得に応じて決定），子ども2人目の加算額は全部支給は1万750円，一部支給は1万740円～5,380円（所得に応じて決定），子ども3人目以降の加算額は2人目と同額となっている。

5）特別児童扶養手当等の支給に関する法律

本法は，重度精神薄弱児扶養手当として1964（昭和39）年に制定され，その後，他法に基づく制度も包含する法律へと改正され，現名称へと変更された。

支給される手当には，特別児童扶養手当・障害児福祉手当・特別障害者手当の3種類があり，それぞれの手当の内容は次の通りとなっている。なお支給月額は，2024（令和6）年4月現在のものである。

① 特別児童扶養手当…20歳未満で精神または身体に障害を有する子どもを家庭で監護・養育している父母等に支給される。支給月額は，1級（重度）の場合は5万5,350円，2級（中度）の場合は3万6,860円が支給される。なお，所得制限が設けられている。

② 障害児福祉手当…精神または身体に重度の障害を有するため，日常生活において常時の介護を必要とする状態にある在宅の20歳未満の者に支給される。支給月額は，1万5,690円であり所得制限が設けられている。

第9章●子ども家庭福祉の制度と法体系

表9－1　児童手当の支給額

支給対象	高校生年代（18歳到達後の最初の年度末）まで
所得制限	なし
手当月額	・3歳未満 　第1子・第2子：月15,000円　　第3子以降：月30,000円 ・3歳～18歳到達後の最初の年度末まで 　第1子・第2子：月10,000円　　第3子以降：月30,000円

③　特別障害者手当…精神または身体に著しく重度の障害を有するため，日常生活で常時特別の介護を必要とする状態にある在宅の20歳以上の者に支給される。支給月額は，2万8,840円であり所得制限が設けられている。

6）児童手当法

本法は，子育て家庭への経済的支援策として1971（昭和46）年に制定され，翌年施行された。本法は，「児童を養育している者に児童手当を支給することにより，家庭等における生活の安定に寄与するとともに，次代の社会を担う児童の健やかな成長に資すること」（第1条）を目的として制定され，その後，対象児童，手当の額，手当の負担割合などの改正がたびたび行われてきた。

2024（令和6）年10月の改正では，表9－1の通りとなった。

（2）児童福祉六法以外の子ども家庭福祉に関する法律

1）児童虐待の防止等に関する法律（児童虐待防止法）

近年になって児童虐待のケースが増加し，深刻化していることから，児童虐待の早期発見・早期対応及び被害を受けた子どもの適切な保護を目的として，2000（平成12）年に「児童虐待の防止等に関する法律」が制定された。

本法では，児童虐待の定義，子どもに対する虐待の禁止，虐待防止に関する国及び地方公共団体の責務，関係機関およびその職員に対する早期発見の努力義務，発見者の早期通告義務，虐待を受けた子どもの保護のための措置などの規定が定められた。本法および「児童福祉法」に基づいて，子どもを虐待から守り保護するための取り組みが行われている。

制定後には十数回の改正が行われており，2004（平成16）年の「児童虐待の防止等に関する法律」「児童福祉法」の改正では，児童虐待の定義の拡大，通

告義務の拡大，市町村の役割の明確化（相談対応を明確化し，虐待通告先に追加），**要保護児童対策地域協議会**の法定化などが行われた。さらに，2007（平成19）年の両法改正では，児童虐待防止対策の強化をさらに図るために，児童相談所による子どもの安全確認等のための立入調査等の強化，保護者に対する面会・通信等の制限の強化，保護者に対する指導に従わない場合の措置の明確化などが行われた。その後も，2017（平成29）年，2018（平成30）年，2019（令和元）年に「児童福祉法」とともに一部改正された。

2）児童買春，児童ポルノに係る行為等の規制及び処罰並びに児童の保護等に関する法律（児童買春・児童ポルノ禁止法）

本法は，児童買春，児童ポルノに係る行為等を処罰するとともに，心身に有害な影響を受けた子どもの保護のための措置等を定め，子どもの権利を擁護することを目的として1999（平成11）年に制定・施行され，その後数回にわたって改正を経て，2014（平成26）年6月には現在の法律名に改められた。

本法では，児童・児童買春および児童ポルノの定義，児童買春をした者や仲介した者および勧誘した者への罰則，児童ポルノの提供などをした者に対する罰則などが定められている。2014（平成26）年の改正では，自己の性的好奇心を満たす目的で児童ポルノを所持・保管していた場合には，児童ポルノの単純所持として罰せられることとなった。

3）配偶者からの暴力の防止及び被害者の保護等に関する法律（DV防止法）

本法は，配偶者からの暴力に係る通報，相談，保護，自立支援等の体制を整備し，配偶者からの暴力の防止，被害者の保護を目的として2001（平成13）年に制定・施行され，その後数回にわたる改正が行われた。

本法では，DV防止および保護に関する国・地方公共団体の責務，都道府県基本計画の策定義務，DV発見者による通告の努力義務，被害者を保護するための各機関の役割と連携，都道府県による配偶者暴力相談支援センターの配置義務とその業務内容，保護命令などについて定められている。

なお，配偶者暴力相談支援センターは，都道府県が置く女性生活支援センターなどに設置され，被害者支援のための相談やカウンセリング，自立援助，関係機関との連絡調整などの業務が行われている。また保護命令とは，被害者がさらなる配偶者からの暴力または生命等に対する脅迫により生命または身体

に重大な危害を受けるおそれが大きいときに，裁判所が，被害者の申立てにより発する命令であり，接近禁止命令・退去命令・電話等禁止命令などがある。

4）育児休業，介護休業等育児又は家族介護を行う労働者の福祉に関する法律（育児・介護休業法）

本法は，育児または家族の介護を行う労働者の職業生活と家庭生活との両立が図られるよう支援することによって，その福祉を増進するとともに，あわせてわが国の経済および社会の発展に資することを目的とした法律である。1995（平成7）年に従来の「育児休業等に関する法律」を改正し，新たに介護休業制度を創設して現在の名称に改称された。

育児休業（労働者はその事業主に申し出ることにより，子が1歳に達するまでの間育児休業をすることができる）や介護休業，子の看護休暇制度（小学校入学までの子を養育する労働者は，病気・けがをした子の看護のために，休暇を取得することができる）が定められている。その他にも時間外労働の制限，深夜業の制限，勤務時間の短縮等の措置，不利益取扱の禁止，労働者の配置に関する配慮などが規定されている。2016（平成28）年改正では，育児休業・介護休業の申し出ができる有期契約労働者の要件が緩和されたほか，介護休業の分割取得や子の看護休暇・介護休暇の半日単位の取得ができるようになった。2017（平成30）年改正では，保育所に入れない場合などには2歳まで育児休業が取得可能になった。また，2022（令和4）年の改正では，育児休業の分割取得が可能となり，「産後パパ育休（出生時育児休業）制度」も創設された。

5）発達障害者支援法

発達障害者の自立および社会参加が実現するための生活全般にわたる支援を図り，その福祉の増進に寄与することを目的とする法律として，2004（平成16）年に「発達障害者支援法」が制定され，翌年施行された。また，2015（平成28）年には一部改正された。本法では，発達障害の定義，国および地方公共団体の責務，国民の責務，発達障害の早期発見，早期発達支援，保育，教育，就労支援および発達障害者支援センターなどに関する規定がされている。

2016（平成28）年改正の目的として，①ライフステージを通じた切れ目ない支援，②家族なども含めたきめ細かい支援，③地域の身近な場所で受けられる支援の3点があげられる。また，体制整備として発達障害者支援地域協議会が

置かれ，地域の情報共有や支援体制・活動状況等の検証，体制整備の協議・検討が行われている。

発達障害者支援センターでは，発達障害者およびその家族に対する専門的な相談・助言，専門的な発達支援，就労の支援などが行われている。

6）障害者の日常生活及び社会生活を総合的に支援するための法律

2005（平成17）年に「障害者自立支援法」が成立し，一部を除いて翌年から施行された。本法は，これまで障害種別ごとに異なる法律に基づいて提供されてきた福祉サービスおよび公費負担医療等について，共通の制度の下で一元的に提供するしくみを創設した。本法の施行に伴い，障害児にかかわる児童福祉施設の利用方法が，原則，措置制度から契約方式に変更された（一部，措置制度での利用が可能）。また，障害者（児）の医療制度も変更となり，別々の医療制度で運営されていた精神通院医療，更生医療および育成医療が，「障害者自立支援法」により一本化され自立支援医療制度に基づく医療制度となった。

2013（平成25）年4月1日より「障害者自立支援法」は，「障害者の日常生活及び社会生活を総合的に支援するための法律」（障害者総合支援法）と改正された。本法の趣旨は，地域社会における共生の実現に向けて，障害福祉サービスの充実等障害者の日常生活および社会生活を総合的に支援するため，新たな障害保健福祉施策を講ずるものとされている。主な改正点としては，障害者の範囲に難病等を加えたことや，障害程度区分から障害支援区分への変更，重度訪問介護の対象拡大，共同生活介護の共同生活援助への一元化等があげられる。また，2018（平成30）年改正では，就労定着支援や自立生活援助が創設されるなどした。2022（令和4）年の改正では，地域生活の支援体制の充実や，就労ニーズに対する支援，障害者雇用の質の向上の推進，精神障害者の希望やニーズに応じた支援体制の整備，難病患者および小児慢性特定疾病児童等に対する適切な医療の充実および療養生活支援の強化などが示された。

7）少　年　法

本法は，少年（20歳未満の者）の健全育成と，非行少年に対しての性格矯正および環境調整に関する保護処分を行うことを主な目的とする法律である。少年は，人格的にまだ未成熟であるため，成人と同様の処罰をするのではなく，教育的・福祉的見地から更生のために最もよい方法が与えられるべきだとする

第9章 ●子ども家庭福祉の制度と法体系

保護主義が貫かれている。

　なお，2022（令和４）年の民法改正により，成年年齢が18歳に引き下げられた。同時施行の改正少年法では，18・19歳は「特定少年」として引き続き少年法の適用とし，全件を家庭裁判所に送り，家庭裁判所が処分を決定することとした。

　「少年法」では，非行少年を３つに分類し，14歳以上20歳未満で罪を犯した者を**犯罪少年**，14歳未満で刑罰法令に触れる行為をした者を**触法少年**，一定の言動から将来罪を犯すおそれのある者を**虞犯少年**としている（p.66参照）。14歳未満の少年に対しては，原則として「児童福祉法」上の措置がとられるため，犯罪少年と14歳以上の虞犯少年の一部が主なこの法律による処分の対象となり，家庭裁判所で非行事実の有無について判断されるとともに，再び非行を繰り返さないために適切だと考えられる処遇が決定される。

　家庭裁判所では，家庭裁判所調査官による調査結果や少年鑑別所の鑑別結果等を総合的に考慮して，審判を開始するのか開始しない（審判不開始）のかが決定される。審判が開始された場合は，不処分，知事または児童相談所送致，検察官送致，保護処分（少年院送致，保護観察所の保護観察および児童自立支援施設または児童養護施設への送致）のいずれかの処分が決定される。

● 演習コーナー ●
・「児童の権利に関する条約」を読み，各条文が「生きる権利」「育つ権利」「守られる権利」「参加する権利」のどれに分類されるか考えてみよう。
・「児童虐待の防止等に関する法律」「児童福祉法」を読み，児童虐待の定義，防止のための国や地方公共団体の取り組みについて整理してみよう。

参考文献
・厚生労働統計協会編：国民の介護と福祉の動向2024／2025，2024
・ミネルヴァ書房編集部編：ミネルヴァ社会福祉六法2024，ミネルヴァ書房，2024
・社会福祉士養成講座編集委員会編：児童や家庭に対する支援と児童・家庭福祉制度 第７版，中央法規出版，2019

第Ⅱ部　子ども家庭福祉の歴史としくみを学ぶ

第10章 子ども家庭福祉の実施体系と実施機関，施設

● ● アウトライン ● ●

1. 子ども家庭福祉の実施体系

要　点
◎国および地方公共団体には児童の育成に関する責務があり，行政機関が役割分担し連携を図りながら，子ども家庭福祉行政にあたっている。
◎子ども家庭福祉に関する行政機関には，国が設置するこども家庭庁および都道府県，指定都市や市区町村などの地方公共団体がある。

キーワード
児童福祉法　国，地方公共団体　こども家庭庁

2. 子ども家庭福祉に関する審議機関

要　点
◎一般市民や専門家の意見を反映した子ども家庭福祉施策を展開するため，国には社会保障審議会，都道府県等には児童福祉審議会の設置が義務づけられている。

キーワード
社会保障審議会　都道府県（指定都市）児童福祉審議会　市町村児童福祉審議会

3. 子ども家庭福祉の実施機関

要　点
◎子ども家庭福祉の実施機関として児童相談所，福祉事務所，保健所などがある。
◎児童相談所は市町村支援機能，相談機能，一時保護機能，措置機能など多岐にわたる機能をもち，近年は体制強化が図られている。

キーワード
児童相談所　福祉事務所　家庭児童相談室　保健所　児童委員　家庭裁判所

4. 子ども家庭福祉の施設

要　点
◎子どもの育ちを保障する施設や事業が児童福祉法に規定され，入所または通所による福祉サービスが提供されている。
◎福祉サービスの利用方法には措置制度，利用契約制度などがある。また，児童福祉施設の運営は，「児童福祉施設の設置及び運営に関する基準」に基づき行われている。

キーワード
児童福祉施設　措置制度　利用契約制度　第1種社会福祉事業　第2種社会福祉事業
児童福祉施設の設置及び運営に関する基準

112

第10章●子ども家庭福祉の実施体系と実施機関，施設

1——子ども家庭福祉の実施体系

　「児童福祉法」第2条，第3条の2では，子どもの育成に関する国や地方公共団体の責任について示している。その責務を果たすため，国，都道府県，市町村（東京23区特別区を含む）の行政機関が役割分担および連携を図りながら，子ども家庭福祉行政にあたっている。

　国は，子どもと家庭に関する福祉行政全般についての企画調整，監査指導，事業に要する費用の予算措置等を行い，子ども家庭福祉行政の中枢的役割を担っている。その機構として**厚生労働省**が置かれ，子ども・子育てに関する業務は子ども家庭局が担っていたが，「こどもまんなか社会」の実現に向けて，2023（令和5）年4月，**こども家庭庁**が発足し，その所管が移された。組織は，長官をトップに長官官房，成育局，支援局の体制となっている。長官官房は「こども政策」全体の司令塔の役割（政策立案・評価・改善・予算確保など）を担い，成育局は保育に関する施策の企画立案や調整，待機児童対策，保育士の処遇改善，幼児教育・保育の質の充実，子育て世帯支援などの役割を担う。また，支援局は，児童虐待防止，子どもの貧困対策，ひとり親家庭支援，障害児支援，不登校対策，子どもの自殺対策などの役割を担う。

　都道府県は，都道府県内の児童福祉事業の企画・予算措置に関すること，児童福祉施設の許可ならびに指導監督，児童相談所・福祉事務所および保健所の設置運営などの業務にあたる。また，市町村に対する必要な援助，児童家庭相談のうち，専門性の高い技術や知識が求められる事例への対応等を行っている。

　市町村は，保育所など児童福祉施設の設置および保育の実施，健康診査の実施，子ども家庭福祉に関する実情の把握・情報提供，子育て家庭に対する相談援助など，地域住民に密着した業務にあたっている。

　なお，近年の「児童福祉法」改正では，子育て支援事業（地域子育て支援センター事業，放課後児童健全育成事業など），児童相談が市町村の業務として法律上明確化されるなど，市町村の担う役割は近年増大している。

113

第Ⅱ部●子ども家庭福祉の歴史としくみを学ぶ

表10—1　子ども家庭福祉にかかわる行政機関・施設

種　類		機関・施設等の名称
行政機関	国	こども家庭庁（長官官房，成育局，支援局など） 社会保障審議会（厚生労働省設置の審議会）
	都道府県・政令都市	児童相談所（都道府県・政令都市は設置義務，中核市は任意設置） 保健所（都道府県・政令指定都市・中核市は設置義務） 都道府県・指定都市児童福祉審議会（設置義務）
	市区町村	福祉事務所（市は設置義務，町村は任意設置） 家庭児童相談室（福祉事務所に設置） 児童委員・主任児童委員（市町村の区域に設置） こども家庭センター
児童福祉施設		助産施設，乳児院，母子生活支援施設，保育所，幼保連携型認定こども園，児童厚生施設，児童養護施設，障害児入所施設，児童発達支援センター，児童心理治療施設，児童自立支援施設，児童家庭支援センター，里親支援センター

2──子ども家庭福祉に関する審議機関

　子ども家庭福祉に関する施策は，広く一般市民や各分野の専門家の意見を聴き，それらの声を反映した施策が展開されねばならない。

　国には**社会保障審議会**が設置され，子ども家庭福祉を含む社会保障全体の主要事項についての審議が行われている。また，都道府県および指定都市には，**都道府県（指定都市）児童福祉審議会**の設置が義務づけられている。

　都道府県（指定都市）児童福祉審議会は，子ども，妊産婦，知的障害者の福祉に関する事項を調査・審議し，知事や市町村長などの諮問に答える（答申）とともに，関係行政機関に意見を述べる（意見具申）などの権限を有している。その他にも，施設入所措置の際に子どもやその保護者の意向がその措置と一致しないときや，児童福祉施設等に対する事業停止命令や閉鎖命令をするとき，適当な者を里親として認定するときなどには児童福祉審議会の意見を聴

第10章●子ども家庭福祉の実施体系と実施機関，施設

必要があるとされている。なお，市町村（特別区含む）も，**市町村児童福祉審議会**を任意で設置できる。

3──子ども家庭福祉の実施機関

（1）児童相談所
1）児童相談所の概要
　児童相談所は，子どもに関するさまざまな問題について家庭その他からの相談に応じ，問題解決に必要な援助を提供する機関である。児童相談所は，「児童福祉法」に基づく子ども家庭福祉の第一線の専門機関として，都道府県および指定都市に設置が義務づけられている。なお，2006（平成18）年改正では，中核市にも児童相談所を設置できるようになった。さらに，2016（平成28）年改正では，施行後5年をめどにすべての中核市と東京23区が児童相談所を設置できるよう，財政支援が行われることになった。2019（令和元）年改正では，親権者や児童福祉施設の長らが児童のしつけとして体罰を加えることを禁止した。また，児童相談所では，一時保護などの介入的対応を行う職員と保護者支援を担当する職員を分け，さらに医師と保健師の設置が義務づけられた。
　児童相談所には所長のほかに，児童福祉司，児童心理司，心理療法担当職員，医師（精神科医，小児科医）などが配置されている。また児童相談所に設置されている一時保護所には児童指導員や保育士などが配置されており，子どもの生活指導，学習指導，行動観察，行動診断，緊急時の対応等にあたっている。

2）児童相談所の基本的機能
　児童相談所の主な機能として，次の4つの機能がある。

　① **市町村支援機能**
　市町村相互間の連絡調整，市町村への情報の提供その他必要な援助を行う。

　② **相談機能**
　専門的な知識および技術を必要とする子どもの相談への対応を行う。また，必要に応じて子どもの家庭，地域状況，生活歴や発達，性格，行動等について専門的な角度から総合的に調査，診断，判定（総合診断）を行い，それに基づいて処遇方針を定め，児童相談所自らもしくは関係機関等を活用し一貫した子

115

第Ⅱ部●子ども家庭福祉の歴史としくみを学ぶ

どもの処遇を行う。

③　一時保護機能

児童相談所長が，緊急保護・行動観察・短期入所指導など保護の必要があると認めた場合，子どもを一時保護所に一時保護し，または児童養護施設・乳児院・里親等に一時保護の委託をすることができる。なお，一時保護の期間は，原則として2か月を超えてはならないとされている。一時保護を延長する際には，親権者が同意している限りは児童相談所長の判断によって延長が可能であるが，反対の意向がある場合には，家庭裁判所の承認が必要となる。

なお，2022（令和4）年の「児童福祉法」改正によって，一時保護開始時の判断に司法審査が導入されることになった。親権者が一時保護に同意しなかった場合等を除き，事前または保護開始から7日以内に裁判官に一時保護状を請求するなどの手続きが設けられる。司法審査の導入により，一時保護の透明性の確保や保護の適正化が図られることが期待される。

④　措置機能

児童相談所長は，知事または指定都市の市長の委任を受けて，主に次のような措置を行うことができる。

・児童福祉司指導措置：児童福祉司等による子どもや保護者への指導の実施や，保護者に訓戒を加え誓約書を提出させることができる。
・児童福祉施設入所措置：子どもを乳児院・児童養護施設などの児童福祉施設に入所させることができる。
・里親委託措置：子どもを里親に委託することができる。
・家庭裁判所送致措置：家庭裁判所の送致に付することが適当であると認められる子どもを，家庭裁判所に送致することができる。

3）児童相談所で受ける相談内容と現状

児童相談所で対応する相談の内容は多岐にわたっているが，おおむね次の5つに分類することができる。

・障害相談：知的障害，肢体不自由，重症心身障害，視覚・聴覚および言語障害，自閉症などの障害のある子どもに関する相談。
・育成相談：しつけ，性格行動，適性，不登校，教育その他子どもの育成上の諸問題に関する相談。

116

第10章●子ども家庭福祉の実施体系と実施機関，施設

・養護相談：保護者の病気，家出，離婚等による養育困難児，棄児，被虐待児，被放任児など養育環境上問題のある子どもに関する相談。
・非行相談：窃盗，傷害，放火等の触法行為のあった子ども，浮浪，乱暴等の問題行為のみられる子どもに関する相談。
・その他の相談：上記以外の内容の相談。

　児童相談所で受け付けた相談については，受理，受理会議，調査，判定，援助方針会議を経て，援助内容が決定される。その決定に基づき，児童相談所あるいは他の機関，児童福祉施設等によって援助が実施される（図10—1）。

4）児童相談所の体制強化および機能強化

　2016（平成28）年の「児童福祉法」の改正（翌年4月施行）では，児童の安全を確保するための初期対応等が迅速・的確に行われるよう，市町村や児童相談所の体制や権限の強化等が行われることになった。

　市町村は，児童等に対する必要な支援を行うための拠点の整備に努めることが規定された。また，市町村が設置する要保護児童対策地域協議会の調整機関に専門職を配置することなどが規定された。

　児童相談所の体制強化としては，次の3点が挙げられる。

　①児童相談所に児童心理司，医師または保健師，スーパーバイザー（他の児童福祉司の指導・教育を行う児童福祉司）を設置，②児童福祉司（スーパーバイザーを含む）は，国の基準に適合する研修を受講しなければならない，③児童相談所設置自治体は，法律に関する専門的な知識経験を必要とする業務を適切かつ円滑に行うため，弁護士の配置またはこれに準ずる措置を行う。

　児童相談所の権限強化等としては，次の4点が挙げられる。

　①児童相談所から市町村への事案（ケース）送致を新設する（改正法施行前は，市町村から児童相談所への事案送致のみ規定），②臨検・捜索について，再出頭要求を経ずとも裁判所の許可状により実施できるものとする，③児童相談所・市町村から被虐待児童等に関する資料等の提供を求められた場合，地方公共団体の機関に加え，医療機関，児童福祉施設，学校等が当該資料を提供できる旨を規定，④政府は，改正法の施行後速やかに，要保護児童を適切に保護するための措置に係る手続における裁判所の関与のあり方について検討を加え，その結果に基づいて必要な措置を講ずるものとする。

117

第Ⅱ部　子ども家庭福祉の歴史としくみを学ぶ

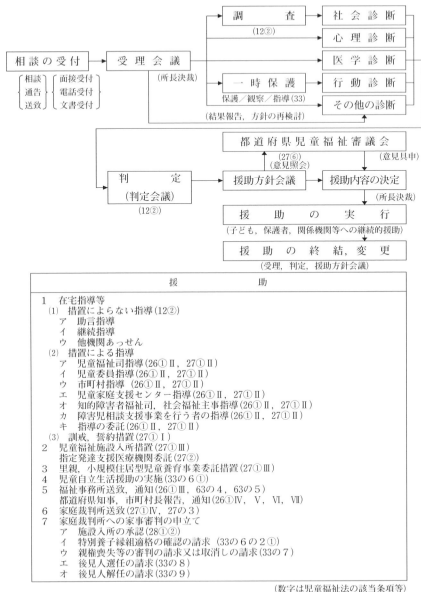

（資料）こども家庭庁支援局：児童相談所運営指針

図10―1　児童相談所における相談援助活動の体系・展開

第10章●子ども家庭福祉の実施体系と実施機関，施設

また，2022（令和4）年の改正（2024年4月施行）では，①一時保護所の設備・運営基準を策定して一時保護所の改善を図ること，②児童の意見聴取等の措置を講ずること，③一時保護開始時の判断に関する司法審査の導入，④児童福祉司の専門性の向上などが示され，児童相談所の体制強化，機能強化がさらに図られることとなった。

（2）福祉事務所

福祉事務所は，「社会福祉法」に基づき，都道府県，市，および特別区に設置が義務づけられている。なお，町村は任意で設置することができる。

福祉事務所は，「福祉六法」に定められる援護，育成，更生の措置に関する事務をつかさどる第一線の社会福祉行政機関である。福祉事務所には，社会福祉主事（現業を行う所員および指導監督を行う所員），身体障害者福祉司，知的障害者福祉司などが配置されている。

福祉事務所における子どもの福祉に関する主な業務は，次の通りである。

① 子どもと妊産婦の福祉に関する必要な事業の把握に努める。

② 子どもと妊産婦の福祉に関する相談に応じ，必要な調査，個別・集団による指導を行う。

③ 母子家庭，父子家庭および寡婦の福祉に関する必要な実情の把握に努める。

④ 母子家庭，父子家庭および寡婦の福祉に関する相談に応じ，必要な調査および指導を行う。

⑤ 被虐待児に関する通告を受理する。また，専門的な判定，施設入所措置を要する事例の児童相談所への送致を行う。

（3）家庭児童相談室

福祉事務所には，子ども家庭福祉に関する相談指導業務の充実強化を目的として**家庭児童相談室**が設置され，社会福祉主事と家庭相談員が配置されており，子どもの養育や子育ての悩み，ひとり親家庭の自立支援の相談，DV被害に関する相談，児童虐待に関する相談などに応じ，支援を行っている。

「児童福祉法」においても，子どもおよび家庭の相談に応じることが市町村の業務として明記されており，その実務を担う家庭児童相談室の重要性は増し

119

てきている。家庭児童相談室は，子どもや家庭問題に関する最も身近な相談窓口としての役割を担っており，児童相談所や保健所，学校，警察署，児童委員，要保護児童対策地域協議会などと連携した対応が行われている。

（4）保　健　所

保健所は，地域住民の健康の保持と増進を図ることを目的に，都道府県，指定都市，中核市，その他政令で定められた市および特別区に設置され，地域における公衆衛生の第一線の機関として位置づけられている。

保健所によって行われる子ども家庭福祉に関する業務は，「児童福祉法」によって次のように定められており，医師，保健師，管理栄養士，精神保健福祉相談員などをはじめとする多くの専門職がその役割を担っている。

① 子どもの保健について，正しい衛生知識の普及を図ること。

② 子どもの健康相談に応じ，または健康診査を行い，必要に応じ保健指導を行うこと。

③ 身体に障害のある子どもおよび疾病により長期にわたり療養を必要とする子どもの療育について，指導を行うこと。

④ 児童福祉施設に対し，栄養の改善その他衛生に関し，必要な助言を与えること。

（5）その他の子ども家庭福祉の関係機関

1）児 童 委 員

児童委員は，「児童福祉法」に基づき，市町村の区域に置かれる民間奉仕者である。児童委員は，民生委員法に基づく民生委員を兼務している。児童委員は，市区町村内の一定の区域を担当し，地域で暮らす子どもや子育て家庭，妊産婦などを見守り，必要に応じて情報提供や相談・助言などを行っている。児童委員の職務については，次のように定められている。

① 児童および妊産婦につき，その生活および取り巻く環境の状況を適切に把握しておくこと。

② 児童および妊産婦につき，その保護，保健その他福祉に関し，サービスを適切に利用するために必要な情報の提供その他の援助および指導を行う

こと。

③　児童および妊産婦に係る社会福祉を目的とする事業を経営する者または児童の健やかな育成に関する活動を行う者と密接に連携し，その事業または活動を支援すること。

④　児童福祉司または福祉事務所の社会福祉主事の行う職務に協力すること。

⑤　児童の健やかな育成に関する気運の醸成に努めること。

⑥　その他，必要に応じて，児童および妊産婦の福祉の増進を図るための活動を行うこと。

なお，一般の区域を担当する児童委員とは別に，区域を担当しないで子ども家庭福祉に関する事項を専門的に担当する児童委員として**主任児童委員**が置かれている。主任児童委員の職務としては，子ども家庭福祉に関する機関と区域を担当する児童委員との連絡・調整すること，区域を担当する児童委員の活動に対する援助および協力を行うことが挙げられる。

2）市町村保健センター

各市町村には，地域における保健活動・保健サービスの拠点として市町村保健センターが設置されている。地域住民の健康づくりの役割を担うとともに，住民に対して具体的な保健サービス提供を行うという役割を担っている。

子ども家庭福祉に関係する業務としては，妊産婦・乳幼児に対する保健指導，妊産婦・乳幼児に対する訪問指導，1歳6か月健康診査および3歳児健康診査などの乳幼児健康診査などが実施されている。

3）家庭裁判所

家庭裁判所は，夫婦関係や親子関係の紛争などの家事事件について，調停や審判および非行を犯した少年の事件についての審判を行う裁判所である。

家庭裁判所では，家庭内のトラブルや非行の背後にある原因を探り，どのようにすれば家庭内の問題が解決され，また，非行を犯した少年が更生していくことができるのかを第一に考え，それぞれのケースに応じた対応がとられている。また，家庭裁判所には，**家庭裁判所調査官**が配置され，家事事件や少年事件の審判等に必要な調査として紛争の原因や少年が非行に至った動機，成育歴，生活環境などを調査にあたる。

第Ⅱ部　子ども家庭福祉の歴史としくみを学ぶ

4──子ども家庭福祉の施設

　児童福祉施設は，児童福祉法をはじめとする法令に基づいて事業を行う福祉施設であり，国，都道府県，市町村，社会福祉法人などによって設置されている。児童福祉法では，児童福祉施設として，助産施設，乳児院，母子生活支援施設，保育所，幼保連携型認定こども園，児童厚生施設，児童養護施設，障害児入所施設，児童発達支援センター，児童心理治療施設，児童自立支援施設，児童家庭支援センターおよび里親支援センターが示されている。ここでは，それらを入所施設，通所施設，その他の施設に分けて説明する。

（1）入 所 施 設
1) 乳　児　院
　乳児院は，「乳児（保健上，安定した家庭環境の確保その他の理由により特に必要のある場合には，幼児を含む）を入院させて，これを養育し，あわせて退院した者について相談その他の援助を行うことを目的とする施設」（児童福祉法第37条）である。乳児期は，心身の発達が著しい時期であり，人間形成の基礎をつくる大変重要な時期である。また抵抗力が弱く，身体機能も未発達なために病気にかかりやすい。そのため，愛情のこもった手厚い養育と，医学的なケア，安全で安心できる環境の整備などが必要とされるが，家庭においてこのような適切な養護を受けられない乳児に対して，適切な養護や環境を提供するのが乳児院の役割である。そのほかにも，入所する乳幼児の家族への養育支援，被虐待児の保護とケアなどの入所前から退所後に至る継続的なサポートの役割を担うとともに，里親支援や地域の子育て支援，一時保護機能など，地域に根ざした総合的かつ包括的な支援が展開されている。

2) 児童養護施設
　児童養護施設は，「保護者のない児童（乳児を除く。ただし，安定した生活環境の確保その他の理由により特に必要のある場合には，乳児を含む），虐待されている児童その他環境上養護を要する児童を入所させて，これを養護し，あわせて退所した者に対する相談その他の自立のための援助を行うことを目的

第10章●子ども家庭福祉の実施体系と実施機関，施設

とする施設」（児童福祉法第41条）であり，子どもの生存権を守り，発達を保障するという重要な役割を担っている。

　入所対象は，死亡や離婚，拘禁，行方不明などにより保護者がない子どもや，保護者の出産や精神障害，心身の健康上の問題，家庭や地域環境上の問題などの環境上養護を要する状態にあり，家族による養育が困難な子どもである。施設には原則として満1歳以上18歳未満の児童が入所できる（状況によっては0歳児や22歳の年度末まで入所可能）が，2024（令和6）年4月からは，その年齢制限が撤廃され，自立可能かどうかで退所が判断されるようになった。

　施設では，さまざまな不安を抱えながら生活してきた子どもの不安を取り除き，子ども自身が安心して安定した生活を送れる環境を確保することが重要視され，職員全体で適切な環境づくりに取り組まれている。そして，子どもの自立を目指して，児童指導員や保育士らにより基本的生活習慣を確立し，豊かな人間性および社会性を養うことを目的とした生活指導や，勤労に対する意欲や基礎的能力および態度を育てることを目的とした職業指導が実施されている。また，**家庭支援専門相談員（ファミリーソーシャルワーカー）** らによって，家族状況の常時把握，子どもと保護者との定期的な面接の促進，関係機関と協力しながらの家族問題の解決および家庭復帰のための調整などが行われている。

3）障害児入所施設

　障害児入所施設には，福祉サービスを行う「福祉型」と，福祉サービスに併せて治療を行う「医療型」があり，児童福祉法で以下の通り示されている。

第42条　障害児入所施設は，次の各号に掲げる区分に応じ，障害児を入所させて，当該各号に定める支援を行うことを目的とする施設とする。
　一　福祉型障害児入所施設　保護並びに，日常生活における基本的な動作及び独立自活に必要な知識技能の習得のための支援
　二　医療型障害児入所施設　保護，日常生活における基本的な動作及び独立自活に必要な知識技能の習得のための支援並びに治療

　障害児に対する施設は，以前は障害種別ごとに分かれていたが，複数の障害に対応できるよう2012（平成24）年度より一元化が行われ現在の形態となった。

123

① 福祉型障害児入所施設

福祉型障害児入所施設の入所対象は，身体に障害のある児童，知的障害のある児童または精神に障害のある児童（発達障害児を含む）である。

サービス内容としては，食事・排泄・入浴等の介護，日常生活上の相談支援・助言，身体能力・日常生活能力の維持および向上のための訓練，レクリエーション活動等の社会参加活動支援，コミュニケーション支援，身体能力・日常生活能力の維持および向上のための訓練などが行われている。

② 医療型障害児入所施設

医療型障害児入所施設の入所対象は，知的障害児，肢体不自由児，重症心身障害児である。サービス内容は，疾病の治療，看護，医学的管理の下における食事・排せつ・入浴等の介護，日常生活上の相談支援・助言，身体能力・日常生活能力の維持および向上のための訓練，レクリエーション活動等の社会参加活動支援，コミュニケーション支援などが行われている。保育士は利用者の介護や日常生活支援を看護師などと協力して行いつつ，保育技術を活用して情緒の安定を図ったり，子どもにふさわしい生活環境の整備などにあたっている。

4）児童心理治療施設

児童心理治療施設は，「家庭環境，学校における交友関係その他の環境上の理由により社会生活への適応が困難となつた児童を，短期間，入所させ，又は保護者の下から通わせて，社会生活に適応するために必要な心理に関する治療及び生活指導を主として行い，あわせて退所した者について相談その他の援助を行うことを目的とする施設」（児童福祉法第43条の2）である。

入所対象としては，**非社会的行動**（緘黙，不登校，孤立，内気など）を示す子ども，**反社会的行動**（反抗・乱暴，盗み・もちだし，怠学など）を示す子ども，**神経症的習癖**（チック・爪かみ，夜尿・遺尿，偏食・拒食など）のある子どもなどであり，家庭や学校での対人関係の問題により心理的・情動的・行動上の問題を抱える子どもが入所している。現在は，虐待による心的外傷や，注意欠如・多動症（ADHD）・限局性学習障害（SLD），自閉スペクトラム症（ASD）などの発達障害のある子どもの入所が増加傾向にある。

施設では，子どもの情緒障害等を治療し，円滑な社会生活の実現を目指して心理療法，生活指導，学習指導が総合的に行われている。心理療法担当職員に

第10章●子ども家庭福祉の実施体系と実施機関，施設

より，子どもに対してカウンセリングや，遊戯療法，箱庭療法などの心理療法
や，家族への心理教育やカウンセリングなどが行われている。また，児童指導
員や保育士によって生活リズムなどの基本的生活習慣の確立，コミュニケー
ション能力や社会性を向上させるための生活指導が行われている。さらに，施
設内に設置された分校・分教室や，通学している学校などと連携をとり，学習
機会の提供のための支援や学習指導が行われている。

5）児童自立支援施設

児童自立支援施設とは「不良行為をなし，又はなすおそれのある児童及び家
庭環境その他の環境上の理由により生活指導等を要する児童を入所させ，又は
保護者の下から通わせて，個々の児童の状況に応じて必要な指導を行い，その
自立を支援し，あわせて退所した者について相談その他の援助を行うことを目
的とする施設」（児童福祉法第44条）である。

入所児童の多くは，児童相談所から措置されて入所となるが，家庭裁判所の
審判の結果，保護処分となり入所となることもある。

施設では，入所児童に対して，生活指導，職業指導および学習指導が総合的
に行われている。生活指導としては，家庭的雰囲気の中での日常生活を通し
て，規則正しい生活習慣と豊かな人間性および社会性が養えるように支援が行
われている。職業指導としては，農作業や木工，裁縫などの作業を通した達成
感や自信，協調性を身につけるような支援が行われているとともに，職場体験
や職場実習も実施されており，退所後に就労する際に必要とされる技能や知識
および社会人としての礼儀やマナーなどを習得するための支援も行われてい
る。また，施設内には分校や分教室が設置され義務教育課程の教育が行われて
おり，基礎学力の向上や学習意欲の向上を目指し，個別の能力に応じた学習指
導が実施されている。

なお，児童自立支援施設独自の運営形態として，夫婦小舎制がある。10人前
後の子どもと1組の夫婦とその家族が一寮舎でともに生活しながら，家庭的な
雰囲気のもとで子どもたちのケアを行うものであるが，職員の確保や労働環境
の問題等からその数は減少しており，交代勤務制などを実施する施設が増えて
いる。

第Ⅱ部●子ども家庭福祉の歴史としくみを学ぶ

（2）通所施設など
1）保 育 所

保育所は「保育を必要とする乳児・幼児を日々保護者の下から通わせて保育を行うことを目的とする施設」（児童福祉法第39条）である。保護者の労働や病気やけが，家族の介護などにより昼間に養育を受けられない乳幼児が入所し，保育士などによる養育が受けられる施設である。

保育所における保育では，養護と教育が一体となって展開されており，保育所における保育内容や運営等についての具体的な方針は，「保育所保育指針」に定められている。

職員は，保育士，嘱託医，調理員が置かれている。現在，多くの園が朝や夕方・夜の時間帯の延長保育を実施しており，その他にも一時預かり事業や病児・病後児保育事業，放課後児童クラブなどを行う保育所も増加しており，在園児とその保護者だけではなく，地域の子育て家庭の支援拠点としても大きな役割を期待されている。

2）幼保連携型認定こども園

2006（平成18）年に，幼保一元化の流れでの中で認定こども園が誕生し，幼保連携型・幼稚園型・保育所型・地方裁量型の4つの類型の認定こども園が設置された。

2015（平成27）年には，幼保連携型認定こども園が，児童福祉法に定める児童福祉施設として規定された。この施設は，「義務教育及びその後の教育の基礎を培うものとしての満3歳以上の幼児に対する教育及び保育を必要とする乳児・幼児に対する保育を一体的に行い，これらの乳児又は幼児の健やかな成長が図られるよう適当な環境を与えて，その心身の発達を助長することを目的とする施設」（児童福祉法第39条の2）である。

また，同時に「就学前の子どもに関する教育，保育等の総合的な提供の推進に関する法律」（略称：認定こども園法）第2条第7項に規定された学校でもあり，幼保連携型認定こども園は，幼稚園的機能と保育所的機能の両方の機能を併せ持つ単一の施設となっている。

3）児童厚生施設

児童厚生施設とは「児童遊園，児童館等児童に健全な遊びを与えて，その健

第10章●子ども家庭福祉の実施体系と実施機関，施設

康を増進し，又は情操をゆたかにすることを目的とする施設」（児童福祉法第
40条）であり，児童に安心して遊べる環境を提供する施設である。

　子どもは，遊びを通してさまざまな経験をする。遊びを通して得た経験は，
幼児の情緒的・知的な発達と社会性を促進させるため，遊びは子どもの成長・
発達に欠かすことができないものである。そのため，社会や大人が，児童が安
心して楽しく遊ぶことができる環境を，責任をもって整えていくことが必要と
なる。地域の中で遊ぶ場が消失し，地域の中に適当な遊び場がなくなりつつあ
る社会状況の中で，児童の遊び活動を促進する児童厚生施設の役割は，さらに
増大している。

　児童厚生施設には，屋内型の「児童館」と屋外型の「児童遊園」がある。

　児童館は，屋内に集会室，遊戯室，図書館等必要な設備を設け，児童に健全
な遊びを与えて，その健康を増進し，または情操を豊かにすることを目的とし
て設置されている。専門職員として，児童の遊びを指導する者が配置されてい
る。なお，児童館にはその規模や機能により，小規模児童館，児童センター，
大型児童館に分類されている。

　「児童館ガイドライン」（2018（平成30）年10月・厚生労働省子ども家庭局
長通知）では，児童館の機能と役割として①遊びおよび生活を通した子どもの
発達の増進，②子どもの安定した日常の生活の支援，③子どもと子育て家庭が
抱える可能性のある課題の発生予防・早期発見と対応，④子育て家庭への支
援，⑤子どもの育ちに関する組織や人のネットワークの推進を挙げており，多
くの機能・役割を担っている。

　次に児童遊園は，屋外型の児童厚生施設であり，児童に健全な遊びを与え，
健康を増進し，情操を豊かにすることを目的としている。都市公園法によって
も公園（街区公園）が配置されており，互いに相互補完的な機能を有している
といえる。児童遊園は，主として幼児および小学校低学年児童を対象に，近距
離の区域内における遊び場として設置されている。児童遊園には，広場やブラ
ンコなどの遊具設備やトイレ，水飲み場などが設置されており，児童の遊びを
指導する者を配置または巡回して，子どもの見守り，指導などにあたっている。

4）児童発達支援センター

　児童発達支援センターは，児童福祉法で次のように定められている。

第Ⅱ部●子ども家庭福祉の歴史としくみを学ぶ

> **第43条** 児童発達支援センターは，地域の障害児の健全な発達において中核的
> な役割を担う機関として，障害児を日々保護者の下から通わせて，高度の専門
> 的な知識及び技術を必要とする児童発達支援を提供し，あわせて障害児の家
> 族，指定障害児通所支援事業者その他の関係者に対し，相談，専門的な助言そ
> の他の必要な援助を行うことを目的とする施設とする。

　児童発達支援センター等で実施する児童発達支援は，障害のある子どもに対
し，身体的・精神的機能の発達を促し，日常生活および社会生活を円滑に営め
るようにするために行われる，それぞれの障害の特性に応じた福祉的，心理
的，教育的および医療的な援助である。具体的には，障害のある子どものニー
ズに応じた「発達支援（本人支援および移行支援)」，「家族支援」および「地
域支援」を総合的に提供するものである。また，児童発達支援は，子どもの
個々のニーズに合った質の高い支援の提供が求められるため，子どもそれぞれ
に「児童発達支援計画」が作成され，計画に基づいた支援が提供されている。

（3）その他の施設

1）助産施設

　助産施設は，「保健上必要があるのにもかかわらず，経済的理由により，入
院助産を受けることができない妊産婦を入所させて，助産を受けさせることを
目的とする施設」（児童福祉法36条）である。経済的な理由によって医療機関
で助産を受けることができない場合，妊産婦が医学上・保健上安全に出産でき
るよう援助することを目的として助産施設は設けられている。生活保護世帯の
場合は無料，非課税世帯の場合も低額な費用で分娩することができる。

　助産施設には，医療法に基づく病院である第一種助産施設と，医療法の助産
所である第二種助産施設がある。

2）母子生活支援施設

　母子生活支援施設は，「配偶者のない女子又はこれに準ずる事情にある女子
及びその者の監護すべき児童を入所させて，これらの者を保護するとともに，
これらの者の自立の促進のためにその生活を支援し，あわせて退所した者につ
いて相談その他の援助を行うことを目的とする施設」（児童福祉法第38条）で

第10章●子ども家庭福祉の実施体系と実施機関，施設

ある。

18歳未満の児童を養育している母子家庭などの女性が，その子どもと一緒に利用できる施設であり，必要に応じて子どもが20歳になるまで利用することができる。施設では，母子のプライバシーにも配慮がなされ，世帯ごとに独立した居室が提供されており，主体性を尊重した支援が行われている。

近年の離婚件数の増加に伴い，母子家庭や父子家庭のいわゆる「ひとり親家庭」が増加している。ひとり親家庭は，一人の親が養育と生計の担い手となるため，生活上のさまざまな問題を抱えやすい環境にあり，特に母子家庭においては，就労の困難さや収入の低さ，住居確保の困難さなどにより生活の維持や自立が困難なケースが多く，母子家庭の子どもと母親を保護し，自立へと導くための社会的支援が必要となる。母子生活支援施設は，そのような母子家庭のもつニーズに応え，自立を支えるために設置された児童福祉施設である。

3）児童家庭支援センター

児童家庭支援センターは，「地域の児童の福祉に関する各般の問題につき，児童に関する家庭その他からの相談のうち，専門的な知識及び技術を必要とするものに応じ，必要な助言を行うとともに〔中略〕指導を行い，あわせて，児童相談所，児童福祉施設等との連絡調整その他内閣府令の定める援助を総合的に行うことを目的とする施設」（児童福祉法第44条の2）である。

事業内容としては，①児童に関する家庭その他からの相談のうち，専門的な知識および技術を必要とするものに応じる，②市町村の求めに応じ，技術的助言その他必要な援助を行う，③児童相談所において，施設入所までは要しないが要保護性がある児童，施設を退所後間もない児童等，継続的な指導措置が必要であると判断された児童およびその家庭について，指導措置を受託して指導を行う，④里親およびファミリーホームからの相談に応ずる等，必要な支援を行う，⑤児童相談所，市町村，里親，児童福祉施設，要保護児童対策地域協議会，民生委員，学校等との連絡調整を行う，とされている。

多くの児童家庭支援センターでは，児童虐待の発生予防や親子関係の再構築支援（家族支援），心のダメージの回復を目指した専門的ケアを実施しており，併せて家族全体が抱える問題とその急激な変化に寄り添い続ける伴走型支援や一人一人の成長に合わせた息の長いアフターケアが実践されている。

129

第Ⅱ部●子ども家庭福祉の歴史としくみを学ぶ

4）里親支援センター

里親支援センターは，「里親支援事業を行うほか，里親及び里親に養育される児童並びに里親になろうとする者について相談その他の援助を行うことを目的とする施設」である（「児童福祉法」第44条の3）。

2022（令和4）年に，「児童福祉法」に基づく児童福祉施設として位置づけられた。センターでは，里親の普及啓発や里親の相談に応じた必要な援助，入所児童と里親相互の交流の場の提供，里親の選定・調整，委託児童等の養育計画作成といった里親支援事業や，里親や委託児童等に対する相談支援等を行う。

（4）児童福祉法に規定されている事業

1）暮らしの場と支援

① 児童自立生活援助事業（自立援助ホーム）

児童自立生活援助事業は，「次に掲げる者に対しこれらの者が共同生活を営むべき住居その他内閣府令で定める場所における相談その他の日常生活上の援助及び生活指導並びに就業の支援を行い，あわせて児童自立生活援助の実施を解除された者に対し相談その他の援助を行う事業という」（児童福祉法第6条の3第1項）とされている。児童自立生活援助事業Ⅰ型を行う施設を自立援助ホームという。

利用対象となるのは，規定に該当する義務教育終了後から利用が可能である。児童養護施設退所後に引き続き支援が必要な者や，何らかの理由で家庭にいられなくなり働かざるを得なくなった者等であり，生活場所の提供や生活支援，就労・就学支援および退所後の支援などを通して入所者の自立を支えている。

② 小規模住居型児童養育事業（ファミリーホーム）

小規模住居型児童養育事業は，養育者の住居において5人または6人の要保護児童を養育する事業であり，第2種社会福祉事業として位置づけられている。この事業者には，個人でも法人でもなることができるが，3人以上の養育者が必要とされる（ただし，養育者が1人以上の場合，保護者をもって他の養育者に代えることができる）。小規模住居型児童養育事業は，家庭的な環境で

130

子どもを育てることができることや，複数の子どもが共に育つことによる相互作用を生かした養育ができること，子どもを養育するための適切な職員体制を確保できることなどの利点をもつ養育事業であるといえる。

２）日中過ごす場と支援

①　放課後児童健全育成事業（学童保育）

放課後児童健全育成事業とは，「小学校に就学している児童であつて，その保護者が労働等により昼間家庭にいないものに，授業の終了後に児童厚生施設等の施設を利用して適切な遊び及び生活の場を与えて，その健全な育成を図る事業」（児童福祉法第6条の3第2項）である。一般的には学童保育で知られており，学校の余裕教室，学校敷地内専用施設，児童館などで行われている。事業内容としては，放課後児童の健康管理，安全確保，情緒の安定や，遊びの活動への意欲と態度の形成，遊びを通しての自主性，社会性，創造性を培うことなどとなっている。近年，登録児童数の急増に伴い待機児童も増加しており，子どもの小学校就学時に離職せざるを得ない母親の存在が社会問題となっている。

②　地域型保育事業

地域型保育事業とは，地域における多様な保育ニーズに対応するとともに，深刻化している待機児童解決のために設けられ，保育所より少人数の単位で0歳から2歳の乳幼児を保育する事業である。市町村による許可事業（地域型保育事業）として，児童福祉法に位置付けられ，多様な施設や事業の中から利用者が選択できるしくみとなっている（表10—2）。

表10—2　地域型保育事業の類型

特徴＼種類	家庭的保育事業	小規模保育事業	事業所内保育事業	居宅訪問型保育事業
形　態	家庭的な雰囲気の下で，少人数を対象にきめ細かな保育を実施	比較的小規模で家庭的保育事業に近い雰囲気のもと，きめ細やかな保育を実施	企業が主として従業員への仕事と子育ての両立支援策として実施	住み慣れた居宅において，1対1を基本とするきめ細やかな保育を実施
規　模	少人数	6～19人まで	さまざま	1対1が基本
場　所	家庭的保育者の居宅その他さまざまなスペース	多様なスペース	事業所その他さまざまなスペース	利用する保護者・子どもの居宅

（5）児童福祉施設等の運営

児童福祉施設を利用するための方法としては，措置制度，利用契約制度などがある。

1）措置制度と利用契約制度

措置制度は，児童福祉法の規定に基づき，利用できる福祉サービスを行政が決定する制度である。児童福祉法においては，乳児院や児童養護施設，児童自立支援施設，児童心理治療施設など社会的養護に関する施設でこの方法が採用されている。

親がいない，親が虐待を行っているなどの理由により，親による利用契約ができないまたは不適当な場合等に利用されることもあるため，行政による措置の方式がとられている。この方式では，利用者と施設（サービス提供者）の間で直接契約は行われない。どのような施設等で，どのような保護・支援を受けることが子どもにとって最善か，行政（児童相談所等）が専門的知見に基づいて決定される。

利用契約制度は，利用者間の主体的な契約に基づいてサービスが提供される制度である。子ども家庭福祉の領域では，保育所や母子生活支援施設，助産施設がこの方式をとっている。あらかじめ自身が利用を希望する福祉サービスの対象であるかを確認・手続きを行ったあとに，利用者が希望する施設に直接申し込みをする。

2）児童福祉施設等の運営

社会福祉事業は，第1種社会福祉事業と第2種社会福祉事業に分けられる。

第1種社会福祉事業は，第2種社会福祉事業に比べて公共性が高く，サービス利用者に重大な影響を与え得ると考えられ，より強い規制，監督が必要とみなされる事業である。児童福祉施設では，乳児院や児童養護施設，児童心理治療施設，児童自立支援施設，障害児入所施設などの入所施設がこれにあたる。第1種社会福祉事業の経営主体は，国，地方自治体，社会福祉法人となっており，施設を設置しようとするときは，都道府県知事への届出が必要になる。

第2種社会福祉事業は，第1種社会福祉事業と比べて，それほど強い規制，監督が必要とみなされない事業をいう。保育所や児童厚生施設，児童発達支援センターなどの通所施設がこれにあたる。第2種社会福祉事業では，経営主体

第10章●子ども家庭福祉の実施体系と実施機関，施設

の制限はなく，学校法人，宗教法人，NPO法人，株式会社なども運営できる。

　児童福祉施設の運営については，「児童福祉施設の設置および運営に関する基準」が定められ，人員配置や設備，人権侵害防止等について規定されている。すべての児童福祉施設は，ここで定められている最低基準を超えて，常にその設備および運営を向上させなければならないとされている。

● 演習コーナー ●

・自分が暮らす地域に所在する，児童相談所，家庭児童相談室，保健所，市町村保健センターの所在地や業務内容などについて調べてみよう。

・本章で説明した児童福祉施設または事業を１つ選び，下記の①から⑥の項目についてまとめ，他の受講生に説明しよう。

　①施設・事業の目的，②利用者の状況，③利用するための手続き・利用料金，

　④支援の内容，⑤配置されている専門職，⑥改善すべき課題

参考文献

・厚生労働統計協会編：国民の介護と福祉の動向2024／2025，2024

・ミネルヴァ書房編集部編：ミネルヴァ社会福祉六法2019，ミネルヴァ書房，2019

・社会福祉士養成講座編集委員会編：児童や家庭に対する支援と児童家庭福祉制度第７版，中央法規出版，2019

・松本峰雄・和田上貴昭編著：改訂 子どもの養護，建帛社，2018

133

第Ⅱ部　子ども家庭福祉の歴史としくみを学ぶ

第11章 子どもと諸外国の子ども家庭福祉

● ● アウトライン ● ●

1．国による子ども家庭福祉施策の違いと背景

要　点

◎少子化は欧米をはじめ多くの国にとっての課題であるが，医療技術による死亡率の減少と出生率の低下が相関している点で共通している。

◎少子化をはじめ子ども家庭福祉施策の課題には各国に共通するものがあるが，その背景や対応策から，各国の歴史や宗教，社会規範や習慣，移民受け入れの状況，社会保障制度などの特徴を知ることができる。

◎家族関係社会支出や里親委託率などを比較することによって，子ども家庭福祉における国の役割やスタンスの違いが表れる。

キーワード

少子化　合計特殊出生率　個人化　家族関係社会支出　富の再分配　福祉レジーム

2．諸外国の状況

要　点

◎フランスは婚外子の割合が高いが，婚姻関係がなくても生活実態により婚姻関係と同様の扱いがなされ，子どもの不利益とならないしくみとなっている。2～6歳未満の低年齢児教育を行う公立保育学校は無償である。

◎スウェーデンは福祉の国民負担が大きい一方，還元される水準も高い。子育てに関しては現金給付，育児休業制度，所得保障などがある。親休業制度により生後12か月までは家庭で育てることが社会規範となっており，1～5歳児を対象とする幼保一体化施設がある。

◎アメリカでは子育て世帯を対象とした金銭給付はなく，税額控除や無給の育児休暇制度などにとどまる。大部分の保育サービスは民間セクターに委ねられ，公的サービスは低所得世帯を対象としたものに限られる。

◎韓国は合計特殊出生率がOECD（経済開発協力機構）加盟国中最下位水準であることから，児童手当や育児休業制度の整備を急速に進めている。国公立保育所の拡充を進め，年齢別の保育料を利用者に支給し，保育所等を利用しない子育て世帯にも養育手当が支給されている。

キーワード

児童手当　育児休業　保育ママ　ベビーシッター　両親保険制度　余暇活動センター
児童税額控除　養育費控除　ヘッド・スタート・プログラム　6＋6父母育児休業制度

第11章●子どもと諸外国の子ども家庭福祉

1──国による子ども家庭福祉施策の違いと背景

（1）少子化の共通点

　少子化は現在の日本において大きな社会課題であるが，欧米やアジアの各国においても同様であり，各国が少子化対策に取り組んでいる。このように，子ども家庭福祉で取り組んでいる課題は日本だけのものではなく，他国との共通点がある。そのため他国でどのような子ども家庭福祉の取り組みをしているのかを知ることは，解決方法を検討する上で重要である。また，共通の課題を通してその国の特徴を知ることができる。

　少子化の指標となる**合計特殊出生率**は，15〜49歳までの女性の年齢別出生率を合計したもので，一人の女性がその年齢別出生率で一生の間に生むとしたときの子どもの数に相当する。現代の先進国において，人口維持に必要な合計特殊出生率は2.08程度とされ，これを下回れば人口は減少する。各国は人口減少に伴う労働人口の減少を危惧し，少子化を食い止めようとしている。

　図11─1によると，欧米の合計特殊出生率は1950年代から1960年代まではおおむね2.0を超えるが，1970年頃から減少に転じている。その後は一部盛り返した国もあるが，おおむね2.0よりも少ない状況で推移している。この状況は人口置換の考えからとらえることができる。人口置換とは，出生率と死亡率との関係により生じる状況をいう。近代以前，多子の家庭が多かった背景には，医療水準の低さから，子どもが生き残る可能性が低かったことにある。医療技術により死亡率の減った近代において出生率は2〜3人に減少する。いわゆる**「近代家族」**はこうした状況で形成された。先ほどの欧米諸国における，1950年代，60年代がその時期であるといえる。しかし，そうした生活の中で，個人化，つまり地域や家族の意向や規範に依拠するのではない生き方が尊重されるようになり，結婚するかどうか，子どもを生み育てるかどうかは個人の選択に任されることになる。そこで生じたのが現在の少子化の状況である。そのため，各国が同じような経過をたどっているのである。

　図11─2はアジア諸国の合計特殊出生率の推移である。先ほどの欧米諸国を対象としたものと比較すると違いが明白であろう。1970年の合計特殊出生率が

135

第Ⅱ部 子ども家庭福祉の歴史としくみを学ぶ

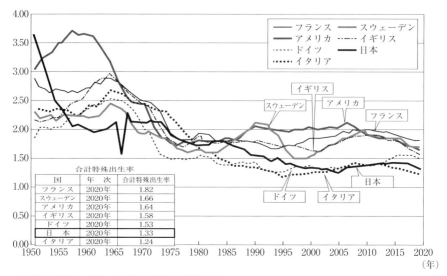

(出典) 内閣府：令和 4 年版 少子化社会対策白書, 2022, p.6

図11－1　諸外国の合計特殊出生率の動き（欧米）

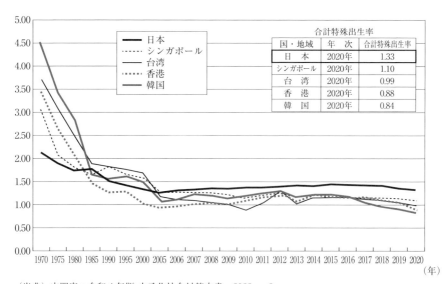

(出典) 内閣府：令和 4 年版 少子化社会対策白書, 2022, p.8

図11－2　諸外国の合計特殊出生率の動き（アジア）

それぞれ3.0を超えている。それが一気に低下している。先ほどの人口置換の考え方からすれば，近代家族の形成がないまま欧米と同様の少子化の状況を迎えていることになる。個人化が急速に進行したといえる。日本は欧米とアジア諸国の間にあるといわれており，近代家族の形成が短いといわれている。こうしたアジア諸国の少子化の背景には，欧米と異なる経済状況や医療水準の違い，家族関係に関する社会慣習等の違いがあると考えられる。

その国の歴史や宗教，社会規範や習慣，移民受け入れの状況，そして社会保障制度などが各国の差異の要因となる。子ども家庭福祉が対象としている課題は，保育や児童虐待の防止，健全育成など，家族形態に大きな影響を受ける。

（2）子ども家庭福祉施策に対する国の役割

表11―1における**家族関係社会支出**は，その国が子ども家庭福祉施策にどのくらいの支出をしているかの割合を表している。家族関係社会支出は，家族を支援するために支出される公的な現金給付および現物給付であり，児童手当や育児休業給付などが含まれる。欧米諸国と比較すると日本の支出が低いことがわかる。また，アメリカは日本よりもさらに低い。このように，国の予算をどのように振り分けるかは国により考え方が異なる。社会保障や社会福祉の重要な機能に「**富の再分配**」がある。これは国が集めた税金を収入が少ない人により多く配分するというものである。子育て期は貧困のリスクが高くなるため，

表11―1　家族関係社会支出の国際比較

家族関係社会支出 （対 GDP 比）		18歳以下人口一人当たり 家族関係社会支出 （対国民一人当たり GDP 比）	
スウェーデン	3.4%	スウェーデン	15.4%
フランス	2.7%	ドイツ	13.9%
ドイツ	2.4%	フランス	11.8%
イギリス	2.4%	日本	11.0%
OECD 平均	2.1%	イギリス	10.8%
日本	1.7%	OECD 平均	10.1%
アメリカ	0.6%	アメリカ	2.6%

注）2019年・年度

（出典）OECD："Social Expenditure Database"，OECD："Education Database"

第Ⅱ部●子ども家庭福祉の歴史としくみを学ぶ

そうした国による経済給付は重要な役割を果たす。これは国により取り組み方が異なるが，その傾向を知るのに有効なのが，「**福祉レジーム**」という考え方である。社会福祉の対象となる事柄に対して，どのような手段を用いて取り組んでいるか等により分類するものである。

エスピン=アンデルセンは，国や市場の役割等により分類している。これによると，アメリカとイギリスは国の果たす役割は少なく市場に任される部分が多い「**自由主義レジーム**」に，スウェーデンは国の果たす役割が多い「**社会民主主義レジーム**」に，フランスとドイツは国がある程度の役割を果たすと同時に家族の役割も大きい「**保守主義レジーム**」に位置づけられる。アメリカは社会保障に対する国の関与は少ない。スウェーデンなど北欧諸国は，高福祉高負担と称されることがあるが，国による役割は大きい。一方，フランスやドイツは家族による共助の割合が比較的高く，社会保険が発達し，国の役割は北欧ほど高くない。なお，エスピン=アンデルセンは日本を分類していないが，日本や韓国は家族による共助の割合が比較的高いといえる。

また，社会的養護施策の状況には家族に対する認識の違いが現れている。先ほどの「自由主義レジーム」にはイギリス，アメリカ，カナダ，オーストラリアが分類されるが，これらの国は，社会的養護に占める里親委託の割合が7～9割となっている（図11—3）。このグラフには含まれないが，スウェーデンなど「社会民主主義レジーム」の国々も同様に高い割合を占める。一方，フランス，ドイツなど「保守主義レジーム」は5割程度である。日本や韓国は3割以下となっている。これらの差異の背景には，各国の親子関係に関する慣習や規範が反映されていると考えられている。

さらに，国際紛争や内戦などに影響を受けることもある。例えばカンボジアでは，1970年代に教師を含む多くの知識人が当時の政権により虐殺された。このことはカンボジアの教育施策の大きな障害になっており，内戦が終了しても教師がいないために小学校や中学校が再建できない事態が生じた。教員不足に対応するために午前午後の2部制（午前授業と午後授業の子どもの学年を分ける）にして，対応するために，十分な学習内容が提供できない状況であった。また，経済発展は隣国のタイやベトナムと比較して十分ではない。経済的に困窮した親は，現在も教育よりも就業を優先させ，小中学校に通わせずに子ども

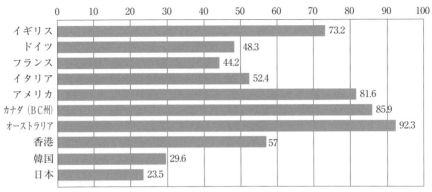

(出典)こども家庭庁：社会的養育の推進に向けて，2024，p.66

図11―3　各国の要保護児童に占める里親委託児童の割合（2018年前後）（％）

を就労させる状況がみられる。国は小中学校の就学率を向上させるために，NGO（非政府組織）の支援を受けて学校で朝食を提供するなどの取り組みを行っている。カンボジアにおける子どもの養育は，基本的に家族や親族が責任をもつため，子ども家庭福祉はこうした状況に対して，十分な役割を果たしていない。カンボジアの例のように，国際紛争や内戦は内戦時だけでなく，その後，長期にわたって子どもたちの生活に影響を与え続ける。

2──諸外国の状況

（1）フランス
1）出産，子育てへの支援

フランスの特徴として，婚外子の割合が高いことが挙げられる。婚姻関係がなくても，共同で生活し，相互に金銭的・物的な援助をし，お互いに支え合う生活をしていれば，婚姻関係と同様に法制度上扱われるため，子どもの扶養においておおむね不利益が生じないしくみがある。

日本の児童手当にあたる家族手当は，20歳未満の児童を2人以上扶養している者が対象となる。所得による制限はないが，家族手当の額は子の年齢や数で変動する。例えば，子ども2人の場合，年収が7万1,194～9万3,339ユーロだ

第Ⅱ部●子ども家庭福祉の歴史としくみを学ぶ

と，月額69.92ユーロが給付される（2024年8月現在1ユーロ160円程度）。なお14歳以上の子どもには，34.96ユーロが加算される。そのほかにも，障害のある子どもの養育手当，ひとり親支援手当，新学期手当などの支給がある。

育児休業については，出産時に当該企業で1年以上勤続していることを条件として，子どもの3歳の誕生日まで（最長1年，2回延長可）就労を中断または短縮することができる。また，育児のために完全に仕事を休むまたは時短勤務をする場合，育児・分担給付が支給される。受給要件は，①3歳未満の子どもが1人以上いること，②育児のために完全に仕事を休むまたは時短勤務をすること，③出産前の一定期間における老齢保険への通算加入期間である。支給額は，労働時間の減少の程度に応じた3段階の定額である。

2）保育サービス

フランスでは，1990年代以降，家族の選択を重視し多様な保育方法が整備された。2～6歳未満の低年齢児教育を行う**公立保育学校**は，1881年から無償である。また保育学校とは別に，さまざまな運営主体による保育所，幼稚園，保育ママ（保育ママの自宅等で子どもを保育），子どもの自宅で保育を行うベビーシッターがある。保育サービス費用の支援について，1980年代後半からベビーシッターや公認保育ママにかかる費用を補助する手当が創設されたことで，保育に対する支援の選択肢が増え，家庭と仕事の両立を支援してきた。

（2）スウェーデン

1）出産・子育てへの支援

スウェーデンの国民負担の割合は高いが，還元される水準も高く，18歳未満の子どもの貧困率は，2020年で8.8％と日本（2021年，11.5％）より低い。子ども家庭福祉サービス等の提供は，生活保障（現金給付），経済的負担の軽減措置，その他の支援施策（現物給付），税額控除の4つの方法で行われている。

スウェーデン国内に居住する16歳未満（学生は18歳まで）の児童を扶養している者が対象の児童手当では，子ども1人当たり月額1,250クローナ（2024年8月現在1クローナ15円程度）で，2人目以降は，付加的児童手当が付き，第2子は150クローナ，第3子には580クローナ，第4子に1,010クローナ，第5子以降は1,250クローナが加算される。

140

第11章●子どもと諸外国の子ども家庭福祉

　育児休業は，子どもが満4歳になるまで取得できる。取得可能期間は両親それぞれ240日間，そのうちの各90日間は「パパ月・ママ月」といわれ，それぞれが育児休業を取得する必要がある。またその期間を除けば，父親・母親間で取得権を移転することが可能である。1歳半までは親給付の有無にかかわらず休業できる。休暇のうち96日間は4歳以降に持ち越しも可能である。

　経済的支援策としては，育児休業期間中の所得保障を行う**両親保険制度**がある。その財源は使用者の保険料（両親保険料）である。両親保険の給付は，妊娠手当，両親手当，一時的両親手当からなる。他に，離婚した一方の親があらかじめ合意した養育費を支払わない場合に社会保険制度から支給する養育費補助，子どもが傷病，障害のために特別な介護などが必要な場合に支給される障害児介護手当がある。18歳（成人）未満の子どものいる世帯と18〜28歳の若年世帯が支給対象の住居手当があり，子育て家族の受給額は，世帯年収，家賃・居住面積，子どもの人数に応じて算出される。低所得世帯が主な対象である。

2）保育サービス

　1〜5歳児を対象とする幼保一体化施設（**就学前学校**）がある。親休業制度により生後12か月までは家庭で育てることが社会規範となっているため，0歳児保育は提供されていない。就学前学校の保育料は，世帯収入と子どもの人数に応じて決められ，上限額が設定されている。**余暇活動センター**（放課後保育所）は日本の学童保育にあたり，就労中あるいは就学中の親をもつ6〜9歳児が対象である。他にも家庭保育や開放型保育などのサービスがある。

（3）アメリカ

1）出産・子育てへの支援

　アメリカでは，少子化が対応すべき課題として認識されていないため，少子化対策や子育て支援などの家族政策について十分な取り組みがされていない。一方で特徴的なのが，貧困対策である。子育て世帯に対する金銭給付は，他の先進諸国のような児童手当（社会手当）はなく，税制度の中で行われるさまざまな税額控除によって行われる。低所得の子育て世帯に対する児童税額控除や，中間層までを対象とした養育費控除などである。

　また，アメリカでは全国レベルで保障される有給の育児休暇は存在しない

141

第Ⅱ部●子ども家庭福祉の歴史としくみを学ぶ

が，無給の育児（看護）休暇が存在する。子どもが1歳までの間や，子どもや親などの家族が重篤な病気の際に，年間で最大12週間まで無報酬の休暇を取ることができる。勤め先が50人以上の従業員がいる企業または公的セクターであり，フルタイムで就業していることなどの条件がついており，アメリカの労働力の60%の労働者しかカバーされていない。一方で，多くの企業においては，有給の家族のケアのための休暇制度を福利厚生の一環として従業員に提供している。民間企業の4割が有給の育児（母親）休暇制度を設けている。

2）保育サービス

未就学児の子どもに対する保育サービスについて，公的な制度は存在せず，民間セクターに任されている。貧困世帯の子どもに対する就学前プログラムとして，**ヘッド・スタート・プログラム**が公的プログラムとして存在するが，対象が限られている。このようにアメリカの保育サービスの提供は市場に任されているため，保育サービスを市場から購入するための費用に対する支援が一部では行われている。対象は低所得世帯である。

すべての所得層の家庭を対象とした保育（学童保育）費用を軽減する政策としては，保育費用等控除が存在する。13歳未満の子どもの保育にかかった費用の最大35%の税額の控除を受けることができる。

（4）韓　　国
1）出産・子育てへの支援

韓国の合計特殊出生率は，OECD加盟国中最下位水準にあり，少子化対策および子育て支援施策は国にとって重要な取り組みとなっている。この状況を受け，2018年に児童手当法を制定・導入した。所得下位90%の世帯の満6歳未満（0～5歳，生後72か月まで）に月額10万ウォンの児童手当を支給した（2024年8月現在1ウォン0.11円程度）。その後，経済的水準の撤廃や対象者年齢の引上げ（満8歳未満の児童まで）を行っている。

2024年からは「6＋6父母育児休業制度」が開始された。生後18か月以下の子どもの世話をするために両親が同時または順番に育児休業を取得する場合，はじめの6か月間それぞれに従前賃金の100%を支給する（上限額は1か月目200万ウォン，2か月目は250万ウォン，3か月目は300万ウォン）ものであ

第11章●子どもと諸外国の子ども家庭福祉

る。また育児期労働時間短縮制度では，週15時間から週35時間の範囲内で働く場合，満8歳以下または小学2年生以下の子どもの養育のため労働時間の短縮が可能であり，短縮した時間分は給付金を受け取ることができる制度である。2019年からは育児休業とは別に労働時間短縮制度も利用できるよう制度が変更された。さらに，育児休業の期間を現行の最長1年から1年6か月に延長する予定である。また労働時間短縮制度の対象となる子どもの年齢を12歳までに引上げ，期間も最長36か月にまで延長する方針が示される（2024年3月現在）など，こうした施策は少子化対策として，年々拡充されている。

2）保育サービス

保育政策は，保育の公共性強化のために国公立保育所を持続的に拡充してきている。保育所を利用する子育て世帯のすべての所得階層に対し，年齢別に定められた保育料を利用者に支給している。また保育所等を利用しない小学校就学前の子どものいる世帯に対して養育手当が支給されている。

● 演習コーナー ●

・これまで見聞きしたり，訪れたことがある国の状況（子どもたちの生活状況など）について知っていることについて話し合ってみよう。
・気になる国一つについて，子育ての状況や子ども家庭福祉施策について，日本とどのような点が異なるのか，そしてその理由について調べてみよう。
・外国の子ども家庭福祉施策の中から，日本に取り入れたら有効だと思われるものを調べて紹介し合ってみよう。

参考文献

・厚生労働省：海外情勢報告，2023
・コン エン：カンボジアの教育制度と進路形成意識，昭和堂，2018
・落合恵美子編：親密圏と公共圏の再編成，京都大学学術出版会，2013
・独立行政法人労働政策研究・研修機構：出生数は過去最低も，育休・時短利用者数は増加（webサイト）（https://www.jil.go.jp/foreign/jihou/2024/03/korea_01.html）
・WIPジャパン：我が国及び諸外国の少子化の状況等に関する調査報告書（令和4年度 内閣府委託事業），2023

第Ⅲ部　子ども家庭福祉の実践を学ぶ

第12章 子どもの福祉を支える専門職

● ● アウトライン ● ●

1．専門職と資格

要　点

◎子どもの福祉を支える専門職には，分野や機関などによってさまざまなものがあり，その知識や技能を保証する資格もまた多岐にわたる。

キーワード

専門職　国家資格　民間資格　業務独占資格　名称独占資格　設置義務資格

2．児童相談所で働く専門職

要　点

◎児童相談所には，児童福祉司，児童心理司，弁護士，医師および保健師，看護師，理学療法士・臨床検査技師，児童指導員・保育士，栄養士などが配置されている。

キーワード

児童福祉司　児童心理司　弁護士　医師　保健師　看護師　理学療法士　臨床検査技師
児童指導員　保育士　栄養士　こども家庭ソーシャルワーカー

3．児童福祉施設等で働く専門職

要　点

◎児童福祉施設には，入所している子どもの特性に合わせてさまざまな種別があり，各種別の施設の趣旨に沿った専門職が配置されている。

キーワード

保育士　児童指導員　社会福祉士　精神保健福祉士　家庭支援専門相談員
里親支援専門相談員　心理療法担当職員　母子支援員　少年指導員
児童自立支援専門員　児童生活支援員　児童厚生員

4．その他の専門職

要　点

◎児童福祉施設や行政機関で働く専門職以外にも，子どもの福祉に携わるさまざまな人々がいる。

キーワード

子育て支援員　スクールカウンセラー　スクールソーシャルワーカー
医療的ケア看護職員　特別支援教育支援員　特別支援教育コーディネーター
児童委員・主任児童委員　意見表明等支援員（子どもアドボケイト）

144

第12章●子どもの福祉を支える専門職

1──専門職と資格

（1）専　門　職

　子ども家庭福祉にかかわる専門職は，多岐にわたる。私たちが，普段何気なく目にしている専門職や資格も，それぞれ異なる条件がある。本章では，まず専門職と資格の定義について解説しその後，個別の専門職の解説を行う。

　専門職とは，特定の職業や役割に従事し，当該分野の専門的な教育を受け，職業倫理や自立性をもってその職務を遂行する人である。また，専門職のもつ各種分野における高度で体系的な知識や技能を証明するものが資格や免許であり，保育士資格や幼稚園教諭免許状もそうしたものの１つである。

（2）資　　　格

　資格には，法律によって一定の社会的地位が保障されるものもあれば，そうでないものもある。資格が，法律に根拠を置き，国や地方公共団体，法律で指定された団体によって試験実施・認定される場合，「**国家資格**」という。国家資格は，法律の規制の種類によって，業務独占資格，名称独占資格，設置義務資格などに分けられる。**業務独占資格**は，医師や弁護士等のように，有資格者以外が，その業務に携わることを禁じられている資格のことである。また，**名称独占資格**は，社会福祉士や精神保健福祉士等のように，有資格者以外は，その名称を名乗ることを認められていない資格のことである。**設置義務資格**は，児童福祉司や児童指導員等のように，特定の事業を行う際に法律で設置が義務づけられている資格である。

　また，法律に根拠を置かない資格として，公益法人や民間団体が実施するものを「（民間）資格」という。児童館や放課後児童クラブで活躍する児童厚生指導員や児童健全育成指導士，また学校現場などでも活躍する臨床心理士なども国家資格ではなく，任意の民間資格である。

　保育士は，児童福祉法に根拠を置く名称独占の国家資格であり，保育所や認定こども園等の設置義務資格となっている。

145

第Ⅲ部●子ども家庭福祉の歴史と実践を学ぶ

2——児童相談所で働く専門職

　都道府県および政令指定都市に必ず１か所設置される**児童相談所**では，①子どもに関する家庭その他からの相談のうち，専門的な知識・技術を必要とするものに対する相談機能や，②要保護児童や家庭への支援を行う中で，実際に調査・評価・保護等の措置を行う保護機能，③措置後の事案のマネジメントや自治体間の連絡調整・情報提供を行う支援マネジメント機能，④子どもを家庭から分離して一時的に保護する一時保護機能，⑤親権者の親権喪失宣告の請求や未成年後見人の選任および解任の請求を家庭裁判所に対して行う民法上の権限を実施する機能など，さまざまな活動を行っている（児童福祉法第12条）。
　児童相談所でこうした取り組みを担う専門職について，以下に解説する。

（1）児童福祉司
　児童相談所の骨格となる職員は，**児童福祉司**である。児童相談所に必置の職員であり，都道府県知事等により任用される。任用の要件は，①こども家庭ソーシャルワーカー，②都道府県知事の指定する児童福祉司等養成校を卒業，または都道府県知事の指定する講習会の課程を修了した者，③大学で心理学，教育学もしくは社会学を専修する学科等を卒業し，指定施設で１年以上相談援助業務に従事したもの，④医師，⑤社会福祉士，⑥精神保健福祉士，⑦公認心理師，⑧社会福祉主事として２年以上児童福祉事業に従事した者であって，内閣総理大臣が定める講習会の課程を修了したもの，⑨上記と同等以上の能力を有する者であって内閣府令で定めるもの，という９つのいずれかに該当するものである（児童福祉法第13条第３項）。上記の⑨に該当するものとして，教員免許状（１種）の保有者等が指定施設で１年以上，教員免許状（２種）や保育士資格の保有者等が指定施設で２年以上，相談援助業務に従事した場合，指定講習を修了することなどで任用できる（児童福祉法施行規則第６条）。
　児童福祉司の業務内容は，児童相談所長の命を受けて，①危機介入を含む子どもの保護や権利擁護，②問題の所在とその背景等に関する必要な調査，社会診断，③保護者や関係者に対する必要な支援・指導，④子どもと保護者の関係

146

調整（親子再統合支援や家族療法等）を行うもので，各児童相談所の管轄地域の人口3万人に1人以上配置することを基本として，全国平均より虐待相談対応の発生率が高い場合や里親への委託の状況等の業務量に応じて，上乗せを行うものとされている（児童相談所運営指針第2章第3節2（3））。

（2）児童心理司

　児童心理司は，「児童福祉法」第12条の3第6項に規定される職員で，面接や観察，心理学的諸検査をもとに，①子どもや保護者の心理学的評価を行うアセスメントを実施し，②その結果をもとに問題の心理学的意味や心理的葛藤，適応機制の具体的内容，家族の人間関係の調整・改善などの心理ケアを行う。

　虐待による緊急保護の要否の判断が必要となった場合の観察の客観性や精度の向上を図るため，調査担当職員に同行するなど，必要に応じて施設や家庭，学校，地域を訪問することで，生活場面も含めたアセスメントや関係者へのコンサルテーションも行っている。その他にも，一時保護所や配偶者暴力相談支援センター，婦人相談所の依頼に応じて，センターで保護している子どものケアやDVによる心理的虐待に対するアセスメントなど，さまざまな対応が求められているものの，その配置数が少ないとされてきた。こうしたことから児童福祉司と同様に増員が図られ，児童福祉司2人につき1人以上配置することが標準とされるとともに，地域の事情を考慮して標準を超えて配置することが望ましいとされた（児童相談所運営指針2章3節2（8））。

（3）弁　護　士

　2004（平成16）年の「児童福祉法」改正や2007（平成19）年の「児童虐待の防止等に関する法律」改正以降，保護を必要とする子どもへの法的な対応の必要性が増している。例えば，①「児童福祉法」第28条に規定される措置や親権喪失，停止の審判の申立てへの対応，②少年審判を求めて家庭裁判所へ送致する場合の調整，③警察からの捜査関係事項照会への対応，④保護者が弁護士をつけた場合への対等なやりとり，⑤一時保護によって子どもを家族から分離する際の司法審査が義務化されたことへの対応，などが挙げられる。

　これらの業務を円滑に行うには，法律に関する高度に専門的な知識や経験が

147

第Ⅲ部●子ども家庭福祉の歴史と実践を学ぶ

必要とされる。2016（平成28）年「児童福祉法」改正では，児童相談所への**弁護士**の配置やそれに準じる措置（パラリーガルの活用）が明文化され，家庭裁判所や簡易裁判所などの関係機関，養育者への法的対応や連携についても，常時，助言や指導を受けながら行えるようになった（第12条第4項）。

（4）医　　師

　1957（昭和32）年以降，児童相談所では，精神科医や小児科医が1名配置され，心理判定員（現児童心理司）や児童福祉司とクリニカルチームをつくって，医学的見地からの専門的な所見や診断・評価を行ってきている。

　医師の役割は，①子どもや保護者の医学的診断や被虐待児の医学的なアセスメントを通して，児童福祉司や児童心理司に対するスーパーバイズを行うこと，②医学的治療や脳波測定，理学療法や心理療法を行う専門職への指示や監督指導，③一時保護所に入所する子どもの健康管理，④医療機関や保健機関との連絡調整，などさまざまな業務を担っている（児童相談所運営指針第2章第3節2（9））。また，虐待の診断確定のための法医学専門の医師との協力体制を築くことや，虐待や非行，発達障害など発達上の課題のある子どもに対する医学的判断の必要性の高まり，心理治療に至る連続的なかかわりの益々の必要性から，さらに大きな期待が寄せられている。

（5）保健師・看護師

　2019（令和元）年の「児童福祉法」改正により，「医師又は保健師」とされていた規定が，「医師及び保健師」と改められたことで医師と同様，2022（令和4）年4月から，**保健師**も児童相談所に1名以上必置される職員となった。

　業務内容は，①一時保護された子どもの健康管理や子どもの健康・発達面に関するアセスメントやケア，②育児相談，1歳6か月健康診査や3歳児の精神発達面や精密健康診査における保健指導，③公衆衛生および予防医学的知識の普及などの職務とされている。また，2004（平成16）年の「児童福祉法」改正により「特定妊婦」が規定されたこともあり，児童相談所における保健師の業務内容として，市町村保健センターやこども家庭センター，医療機関などと情報交換や連絡調整を行い，子どもや家庭への支援も担っている。

148

第12章●子どもの福祉を支える専門職

　また，一時保護している子どもの健康管理や医師の診断等の補助業務を行うものとして，看護師が配置されている。

（6）理学療法士・作業療法士・言語聴覚士，臨床検査技師

　虐待相談対応件数の増加などによって，虐待問題への対処を行うイメージの強い児童相談所ではあるが，実際には，①肢体不自由や視聴覚障害，重症心身障害，知的障害や自閉症などによる施設利用や特別児童扶養手当認定，療育手帳の判定業務，発音や言葉についての相談などを行う障害相談，②落ち着きがないなどの行動についての相談や特別支援学級や特別支援学校への進路相談を行う育成相談などが，相談件数の半数ほどを占めている。こうした相談をふまえ，理学療法や作業療法，言語治療，脳波測定等の検査などを行うのが，**理学療法士**（Physical Therapist：PT）や**作業療法士**（Occupational Therapist：OT），**言語聴覚士**（Speech-Language-Hearing Therapist：ST），臨床検査技師（Medical Technologist：MT）といった専門職である。

（7）児童指導員・保育士

　児童相談所に付設される一時保護所において，日常生活や学習活動のサポート，遊びを一緒に行ったり，基本的生活習慣や日常生活の状況，入所後の変化など子どもの生活全般の行動観察を通して，行動診断を行ったりする職員として，**児童指導員**や**保育士**が配置されている。

　行動観察を実施する際の焦点は，行動問題の発見や発生要因の分析，そして介入となることから，子どもの側も「問題のある子」とのみ見なされやすい傾向にある。けれども児童指導員・保育士には，そうした問題場面に焦点化したかかわりだけでなく，退所後の生活を視野に入れた，自己評価や自己肯定感を高めるようなエンパワメントにつながるケアを行うことも，同時に期待されている。そのため，好ましい行動についても注視し，子どもの努力や行動の過程，試行錯誤の様子を見逃さず，積極的に肯定していくことで自尊感情を育むことや，思いをうまく表現できなかったり，子ども自身も気づいていない思いを形成したり，表出することをサポートする働きかけが，求められる。

　日常的な生活場面における行動観察と行動診断の意義は，社会診断を行う児

第Ⅲ部　子ども家庭福祉の歴史と実践を学ぶ

童福祉司や心理診断を行う児童心理司，医学診断を行う医師らと連携し，総合的見地から立てられる援助方針・判定（総合診断）に対する生活者としての子ども理解の観点から，専門的な検討のためのリソースを提供することにある。

（8）栄養士・管理栄養士

　児童相談所に配置される**栄養士**または**管理栄養士**は，①栄養指導，②栄養管理および衛生管理，③一時保護している子どもの給食の献立作成などを行う。一時保護所へ入所する子どもは，入所前の生活や入所時の不安などから偏食，小食，過食，拒食といったケースが多いことが指摘されている。緊急保護された場合などでは，食物アレルギーの状況など把握されていない場合もあるため，子ども一人ひとりのアレルギーや障害，嗜好といった個別対応について十分に配慮することが必要となる。また，退所後に乳児院や児童養護施設などへ措置される子どもについての確実な情報提供なども，その役割となる。

（9）こども家庭ソーシャルワーカー

　こども家庭ソーシャルワーカーは，2024（令和6）年から，児童相談所に配置される児童福祉司の任用要件として，新たに創設された資格で，虐待を受けた子どもの保護や要保護児童，要支援児童の在宅支援や，子どもや保護者に対する相談支援などを行う専門職である。

　社会福祉士や精神保健福祉士，保育士，一定程度の子ども家庭福祉の相談援助実務経験があるものが，児童福祉相談支援等技能に関する研修を修了，試験に合格し，登録申請手続きを行い，審査・証明事業を実施する者が備える登録簿に登録を受けることが必要となる。

　市区町村に設置されるこども家庭センターの統括支援員の任用要件にも指定されており，児童養護施設や一時保護所で活躍することも期待されている。

3──児童福祉施設等で働く専門職

　ここでは，児童相談所を除く児童福祉施設などで働く専門職（専門資格や職名）について，解説する。

第12章●子どもの福祉を支える専門職

（1）保　育　士

　保育士は，子ども家庭福祉業務の中核を担う専門職で，「児童福祉法」第18条の４に，「保育士の名称を用いて，専門的知識及び技術をもって，児童の保育及び児童の保護者に対する保育に関する指導を行うことを業とする者」と規定される国家資格である。資格取得のためには，都道府県知事の指定する保育士を養成する学校その他の施設を卒業した者か，保育士試験に合格した者とされている。「保育士」として児童福祉施設で働くためには，その業務に就く前に，都道府県知事に対して登録申請手続きを行い，都道府県に備えられた保育士登録名簿に記載され，保育士証の交付を受けることが必要である。

　保育士というと，保育所や認定こども園（３歳未満児）がイメージされやすい。その一方で，その活躍の場は幅広く，前述の児童相談所（一時保護所）に加えて，乳児院や母子生活支援施設，児童養護施設，障害児入所施設，児童発達支援センター，児童心理治療施設，児童自立支援施などにも配置される専門職である。実際，保育所を除く児童福祉施設で働く職員を職種別にみると，最も多く働いているのが保育士である。児童福祉施設において保育士は，その専門性を活かし，日常の遊びや生活の支援を通して，他の専門職と協働しながら，子どもの最善の利益の実現を図っている。

（2）児童指導員

　児童指導員は，児童養護施設や障害児施設などの児童福祉施設において，保育士とともに，子どもの学習指導や日常生活の支援を行う職員である。

　任用要件としては，①都道府県知事の指定する児童福祉施設の職員を養成する学校その他の養成校を卒業した者，②社会福祉士の資格を有する者，③精神保健福祉士の資格を有する者，④学校教育法の規定による大学（短期大学を除く）において，社会福祉学，心理学，教育学若しくは社会学を専修する学科またはこれらに相当する課程を修めて卒業した者，など計10項目である。

（3）社会福祉士・精神保健福祉士

　社会福祉士は，「社会福祉士及び介護福祉士法」第２条第１項に「専門的知識及び技術をもって，身体上若しくは精神上の障害があること又は環境上の理

151

第Ⅲ部●子ども家庭福祉の歴史と実践を学ぶ

由により日常生活を営むのに支障がある者の福祉に関する相談に応じ，助言，指導，福祉サービスを提供する者又は医師その他の保健医療サービスを提供する者その他の関係者との連絡及び調整その他の援助を行うことを業とする者」と規定される国家資格で，社会福祉士試験に合格し，厚生労働省に備えられる社会福祉士登録簿に登録されることで，その名称を用いることができる。

　精神保健福祉士は，「精神保健福祉士法」第2条に「精神障害者の保健及び福祉に関する専門的知識及び技術をもって，精神科病院その他の医療施設において精神障害の医療を受け，若しくは精神障害者の社会復帰の促進を図ることを目的とする施設を利用している者の地域相談支援の利用に関する相談その他の社会復帰に関する相談又は精神障害者及び精神保健に関する課題を抱える者の精神保健に関する相談に応じ，助言，指導，日常生活への適応のために必要な訓練その他の援助を行うことを業とする者」と規定される国家資格で，精神保健福祉士試験に合格し，厚生労働省に備えられる精神保健福祉士登録簿に登録されることで，その名称を用いることができる。

　業務上で社会福祉士や精神保健福祉士という職名（資格名称）そのものを用いていることは少ないものの，児童福祉施設に配置される職員の任用要件の一つに定められている場合が多いことから，その有資格者数は増加している。

（4）家庭支援専門相談員・里親支援専門相談員

　家庭支援専門相談員（ファミリーソーシャルワーカー）は，被虐待児の家庭復帰や，その後の虐待の再発防止，親子関係の回復，親子分離に至らない段階での親支援のため，乳児院や児童養護施設，児童心理治療施設，児童自立支援施設へ配置される職員である。

　任用要件としては，①社会福祉士や精神保健福祉士の資格を有する者，②児童福祉法第13条第3項，つまり児童福祉司の任用要件に該当する者，③乳児院であれば乳児院に，児童養護施設であれば児童養護施設に，といったように当該施設で，それぞれ乳幼児や児童の養育や指導に5年以上従事した者，の3つの要件のうち，いずれかに該当するものとされている。

　業務内容は，親子関係の再構築支援に加え，退所後の児童に対する継続的な支援の実施や里親委託・養子縁組の推進のための業務，さらに地域における要

保護児童を含めた子育て支援の拠点機能のための業務，その他，児童相談所等関係機関との連絡・調整などを行っている。

　家庭支援専門相談員と似た業務を担う専門職で，里親やファミリーホームへの支援体制の充実を図ることを目的に，2016（平成24）年から乳児院や児童養護施設に配置されることになった職員として，**里親支援専門相談員**（里親支援ソーシャルワーカー）がある。任用要件は，家族支援専門相談員と同様で里親制度への理解とソーシャルワークの視点を有するものとされている。

　里親支援専門相談員は，①里親の新規開拓や月に1，2回週末だけ里親となる週末里親や，夏休みや正月休みなどに里親を経験する季節里親との調整，里親家庭への訪問や相談対応，②里親向けのサロンや研修の実施，④退所児童のアフターケアとしての里親支援など，直接処遇の勤務ローテーションに入らないことで，施設の視点から離れ，里親と子どもの視点に立った支援を行っている。

（5）心理療法担当職員

　心理療法担当職員は，虐待等による心的外傷のため心理療法を必要とする子どもや，夫等からの暴力等による心的外傷のため心理療法を必要とする女性に対する適切な援助体制を確保するため，乳児院や母子生活支援施設，児童自立支援施設，児童心理治療施設，児童相談所一時保護所に配置されている。

　業務内容は，遊戯療法やカウンセリングといった心理療法やさまざまな生活訓練や活動体験を，心理療法室や生活場面面接を通して実施することで，安心感・安全感の再形成や人間関係の修正を支援したり，同僚である施設職員への助言や指導を行ったりしている。

（6）母子支援員・少年を指導する職員（少年指導員）

　母子支援員および**少年を指導する職員**（少年指導員）は，ともに母子生活支援施設に配置される職員で，母子がともに入所する施設の特性を生かした支援を行っている。個々の母子の状況に応じ，就労や家庭生活，子どもの養育の相談や助言，指導などを通して，退所後の安定した生活を営めるよう図っている。母子支援員は，これらの業務に加え，自立支援計画のもと，母子に寄り添いながら関係機関との連絡調整などのソーシャルワーク業務を行っている。

第Ⅲ部●子ども家庭福祉の歴史と実践を学ぶ

母子支援員の任用要件は，①都道府県知事の指定する児童福祉施設の職員を養成する学校その他の養成施設を卒業した者，②保育士，③社会福祉士，④精神保健福祉士，など計５つの要件のいずれかに該当するものとされている。また，母子10世帯以上20世帯未満を入所させる場合は２人以上，母子20世帯以上を入所させる場合は，３人以上配置することが規定されている。

少年指導員の任用要件についての記載はないが，児童指導員の任用用件を満たしていることが望ましいと考えられている。施設の事務員を兼ね，子どもの支援を通じて世帯の支援を行っており，母子20世帯以上を入所させる場合，２人以上配置することとなっている。

（7）児童自立支援専門員・児童生活支援員

児童自立支援専門員および児童生活支援員は，ともに児童自立支援施設に配置される職員で，入所する子どもと寝食を共にして，生活指導や学習指導，職業指導といった生活の支援を行っている。非行問題の背後にある被虐待経験や発達障害などケアを必要とする子どもへの支援や，精神科受診と服薬管理が必要となる子どものケアなど，心理・医療的な専門性が求められる専門職である。児童自立支援専門員は，これらの業務に加えて，家庭復帰に向けた環境調整や関係機関との協働などのソーシャルワーク業務も行っている。

児童自立支援専門員の任用要件は，①医師であって，精神保健に関して学識を有する者，②社会福祉士，③都道府県知事の指定する児童自立支援専門員を養成する学校その他の養成施設を卒業した者，など計８つの要件のいずれかに該当するものとされている。また，児童生活支援員が，①保育士，②社会福祉士，③３年以上児童自立支援事業に従事した者，のいずれかに該当するものとなっている。なお，児童自立支援専門員および児童生活支援員の総数は，児童4.5人につき１人以上配置することとされている。

（8）児童の遊びを指導する者（児童厚生員）

児童の遊びを指導する者（児童厚生員）は，児童館や児童遊園などの児童厚生施設に配置される職員である。遊びの環境づくりや安全管理，遊びの指導を通じて，子どもの自主性や社会性，創造性を高めることで，地域における健全

第12章 子どもの福祉を支える専門職

育成の支援を行っている。

　任用要件は，①都道府県知事の指定する児童福祉施設の職員を養成する学校その他の養成施設を卒業した者，②保育士，③社会福祉士，など計6項目が定められており，いずれかを満たさなければならない。

　この他，「児童福祉法」第6条の3第2項に規定にされる放課後児童健全育成事業（放課後児童クラブ），いわゆる学童保育でも活躍している。なお，放課後児童運営方針に配置が規定される放課後児童支援員は，「児童の遊びを指導する者」であり，都道府県知事が行う研修を修了した者を基本としている。

4──その他の専門職

　ここまで述べてきた専門職以外にも，保育士が協力・連携することになる子ども家庭福祉にかかわる専門職，加えて資格や免許を要する専門職ではないものの，子ども家庭福祉を支える人々について解説する。

（1）子育て支援員

　子育て支援員は，子ども・子育て支援制度をより実効性あるものとして創設された資格で，子育て支援員研修事業実施要綱に基づいて自治体によって実施される全国共通の研修を修了することによって認定される。

　基本研修と地域型保育や一時預かり事業といった9つの領域それぞれの特性に応じた内容を学ぶ専門研修により構成されている。多様な保育や子育て支援分野に関して従事する上で必要な知識や技能等を修得することで，地域の実情やニーズに応じた支援の担い手となっている。

　なお，子育て支援員研修（放課後児童コース）を修了することで，「放課後児童健全育成事業の設備及び運営に関する基準」第10条第2項に規定される放課後児童支援事業における補助員となることができる。

（2）スクールカウンセラー・スクールソーシャルワーカー

　スクールカウンセラーは，いじめの深刻化や不登校児童生徒の増加を背景に1995（平成7）年より，中学校を中心に配置された専門職である。2001（平成

155

第Ⅲ部●子ども家庭福祉の歴史と実践を学ぶ

13）年からは，公立の小学校，中学校，高等学校，特別支援学校などに配置され，2017（平成29）年からは，小学校における児童の心理に関する支援に従事する職員として「学校教育法施行規則」第65条の3に規定されるようになった。児童生徒や保護者の抱える悩みを受け止め，その心のケアを行なったり，電話相談や災害時に被災した児童生徒への心のケアや教職員・保護者への助言・援助，不登校やいじめの未然防止や早期発見を行ったりしている。

　任用要件は，公認心理師や臨床心理士，精神科医など5つの要件のうち，いずれかに該当するものから実施主体が選考し，認めたものとされている。ただし，地域や学校の実情をふまえ，合理的であると認められる場合は，臨床業務の経験を有する者をスクールカウンセラーに準ずる者として任用できる。

　また，行動問題等の背景にある，家庭や友人関係，地域，学校などの子どもが置かれた環境に働きかけるため，2008（平成20）年より配置されるようになった専門職として**スクールソーシャルワーカー**がある。2017（平成29）年からは，小学校における児童の福祉に関する支援に従事する職員として，「学校教育法施行規則」第65条の4に規定された。職務内容は，①問題を抱える児童生徒が置かれた環境への働きかけ，②関係機関等とのネットワークの構築，連携・調整，③学校内におけるチーム体制の構築，支援，④保護者，教職員等に対する支援・相談・情報提供，⑤教職員等への研修活動，などがある。

　任用要件は，社会福祉士や精神保健福祉士，こども家庭ソーシャルワーカー等の福祉に関する専門的な資格を有する者から実施主体が選考し，スクールソーシャルワーカーとして認めたものとされている。地域や学校の実情に応じ，福祉や教育の分野において，専門的な知識・技術を有する者や活動経験の実績等がある者で，その職務内容を適切に遂行できる者からも任用できる。

（3）医療的ケア看護職員・特別支援教育支援員・特別支援教育コーディネーター

　医療的ケア看護職員は，幼稚園や小中学校，高等学校において日常的に医療的ケアを必要とする児童生徒に対して，医行為のうち，たんの吸引や経管栄養等の5つの特定行為を行う専門職である。2021（令和3）年からは，小学校における日常生活および社会生活を営むために恒常的に医療的ケアを受けることが不可欠である児童の療養上の世話や診療の補助に従事する職員として，「学

校教育法施行規則」第65条の2に規定されるようになった。

特別支援教育支援員は，医療的ケア看護職員と同様に，障害のある子どもの食事や排泄，教室移動の補助など学校における日常生活上の介助や，発達障害のある子どもへの学習活動上のサポートや安全確保を行う専門職として，2007（平成19）年より配置されるようになった。2021（令和3）年からは，教育上特別の支援を必要とする児童の学習上または生活上必要な支援に従事する職員として，「学校教育法施行規則」第65条の6に規定されるようになった。

特別支援教育コーディネーターは，地域の小中学校に配置されるもので，校内委員会や校内研修の企画研修や関係機関に対する学校の窓口として，連絡調整を行ったり，保護者からの相談窓口などの役割を担ったりしている。校務分掌として明確に位置づけられるとともに，チームとしての学校の体制整備が進められる中，個別の教育支援計画や指導計画の作成などを含め，校内委員会において支援を必要とする児童生徒の支援内容の検討を行うことで，学級担任以外の教員らと共通理解を図っている。

2016（平成28）年に「障害を理由とする差別の解消の推進に関する法律」が施行されたことで，公立学校への合理的配慮が義務づけられたことから，児童生徒の教育的ニーズに応じた合理的配慮の合意形成，提供にあたっても重要な役割を担うことになった。

（4）児童委員・主任児童委員

児童委員は，市町村の区域に置かれる無報酬の行政協力機関で，「児童福祉法」第16条に規定されている。地域の子どもや妊産婦の生活や環境の実情を日頃から家庭訪問などを通して把握するとともに，支援が必要な場合，相談や利用できるサービスなどについて助言を行う。なお児童委員は，「民生委員法」における民生委員を兼ねており，その任用要件は，人格識見が高く，広く地域の実情に通じ，かつ，社会福祉の増進に熱意のある者とされている。

主任児童委員は，地域における児童委員活動への期待の高まりを受け，1993（平成5）年に新たに創設された。2001（平成13）年には，児童虐待をはじめ子ども取り巻く問題が増加する中，活動の活性化を図るため「児童福祉法」に規定されることになった。主任児童委員に規定される活動は，児童委員活動を

第Ⅲ部●子ども家庭福祉の歴史と実践を学ぶ

より一層推進するため，子育て支援活動や児童健全育成活動，個別支援活動の分野で，学校などの関係機関と児童委員との連絡調整や区域を担当する児童委員の活動に対する援助・協力を行うこととされている。

（5）意見表明等支援員（子どもアドボケイト）

　意見表明等支援員は，子どもの立場（アライ・味方）から，子どもの声をさまざまな方法で傾聴し，子どもの考えの整理を後押しすることで，子どもの意見形成を支援するとともに，形成した意見を大人に伝える際，子どもが望む場合，意見表明を支援・代弁する役割を担っている。意見表明等支援員として活動するには，都道府県等が適当と認める研修を修了することが必要で，子どもアドボカシーの原則や子どもの権利条約について十分な理解が求められる。

　「児童福祉法」改正により，2024（令和6）年から社会的養護にかかわる子どもの養育環境を左右する重大な決定をする場合に意見聴取等措置義務が導入され，また，「児童福祉法」第6条の3第17項に規定される意見表明等支援事業が努力義務とされており，今後，その重要性は高まっていく。

● 演習コーナー ●

・専門職それぞれの専門性について，対象や方法，視点から，まとめてみよう。
・多職種連携によってアセスメントを行う際の視点について，考えてみよう。
・自分と同じ資格で働く専門職がいない職場において，どのように他の専門職と連携すればよいか，考えてみよう。

参考文献

・磯谷文明・町野朔・水野紀子編集代表：実務コンメンタール児童福祉法・児童虐待防止法，2020，有斐閣
・こども家庭庁通知：児童相談所運営指針の全部改正について（こ支虐第164号），2024

第Ⅲ部　子ども家庭福祉の実践を学ぶ

第13章

子どもの福祉を支える専門性

● ● ● アウトライン ● ● ●

1．チャイルドケア

要点

◎保育士の役割は児童福祉法に明記され，その専門性については保育所保育指針に示されている。そこで述べられた知識・技術，そして倫理観に裏付けられた「判断」は，対人援助職である保育士の専門性として欠かせないものである。

キーワード

児童福祉法第18条の4　保育所保育指針　専門的な知識・技術

2．ソーシャルワーク

要点

◎保育士は子育てや生活に関する相談などソーシャルワークにかかわる実践を行い，場合によっては関係機関や地域と連携して支援を行う。

◎保育士がかかわる主なソーシャルワークの技法としては，ケースワークやグループワークといった直接援助技術が挙げられる。

◎特にケースワークにおいては，バイステックの7原則を参考に，保護者との信頼関係を構築しながら進めていく必要がある。

キーワード

保育ソーシャルワーク　ソーシャルワーク専門職のグローバル定義　直接援助技術
間接援助技術　ケースワーク　グループワーク　バイステックの7原則

3．他機関・他職種との連携・協働

要点

◎ソーシャルワークにおいては，対象者（子ども・保護者）のもつニーズによって，関係する機関や社会資源との連携，職種間での連携なども求められる。

キーワード

アセスメント　役割分担　支援計画　インクルーシブ保育

第Ⅲ部●子ども家庭福祉の実践を学ぶ

1──チャイルドケア

　保育士とは「保育士の名称を用いて，専門的知識及び技術をもつて，児童の保育及び児童の保護者に対する保育に関する指導を行うことを業とする者をいう」（児童福祉法第18条の４）とあるように，単に保護者に代わって養育を行うだけの仕事ではなく，専門的知識と技能をもつ専門職であるということが法律に定められている。また保育士の仕事の場は，保育所のみならず，児童養護施設，障害児施設，児童心理治療施設，乳児院，母子生活支援施設，児童厚生施設，児童自立支援施設等，多岐にわたっており保育士はいわば子どもに関するスペシャリストであるといえる。

　では，子どもの専門職である保育士の専門性とは何だろうか。保育士の専門性に関して，「保育所保育指針」（厚生労働省，2017，以下，指針）は「保育所における保育士は，児童福祉法第18条の４の規定を踏まえ，保育所の役割及び機能が適切に発揮されるように，倫理観に裏付けられた専門的知識，技術及び判断をもって，子どもを保育するとともに，子どもの保護者に対する保育に関する指導を行うものである」と明記し，その解説において保育士の専門性として以下の６点を挙げている。

① 子どもの発達に関する専門的知識を基に子どもの育ちを見通し，その成長・発達を援助する知識・技術
② 子どもの発達過程や意欲をふまえ，子ども自らが生活していく力を細やかに助ける生活援助の知識・技術
③ 保育所内外の空間や物的環境，さまざまな遊具や素材，自然環境や人的環境を生かし，保育の環境を構成していく知識・技術
④ 子どもの経験や興味・関心をふまえ，さまざまな遊びを豊かに展開していくための知識・技術
⑤ 子ども同士のかかわりや子どもと保護者のかかわりなどを見守り，その気持ちに寄り添いながら適宜必要な援助をしていく関係構築の知識・技術
⑥ 保護者等への相談・助言に関する知識・技術
　こうした「専門的な知識・技術」をもって子どもの保育と保護者への支援を

第13章●子どもの福祉を支える専門性

適切に行うことは保育士にとって極めて重要な役割である。これらの記述は保育所で働く保育士に対して示されたものであるが，児童養護施設などの施設における保育士においても同様である。対象児童の年齢や抱える問題の違い，利用形態（通所，入所）の違いはあるものの，子どもたちの暮らしを支えるための役割をもつことは同様である。さらに，そこには知識や技術，そして倫理観に裏づけられた「判断」が強く求められている。日々の保育における子どもや保護者とのかかわりの中で，常に自己を省察し，状況に応じた判断をしていくことは，対人援助職である保育士の専門性として欠かせないものである。

2——ソーシャルワーク

（1）保育士がソーシャルワークを行う必要性

保育士の「専門的な知識・技術」を生かすための方法の一つに「ソーシャルワーク」がある。保育士は，これまでも児童福祉施設等を利用する保護者に対して子育てや生活に関する相談などソーシャルワークにかかわる実践を行っており，保育所でのこうした支援は**「保育ソーシャルワーク」**と呼ばれる。

保育士は，その機能や専門性を十分に生かしながら子どもや保護者に対する支援を行うことに加えて，関係機関等の役割や機能を十分に理解した上で必要に応じて連携や協働を図り，さまざまな社会資源を活用しながら支援行うことが必要である。また，地域の子育て支援に関する情報を把握して，必要に応じて保護者に情報提供をすることも大切である。

保育所は，子育て家庭にとって身近な相談場所であり，その役割が求められているが，相談内容によっては保育所のみで抱えられないものもある。そこで市町村や児童相談所等の子育て家庭に関するソーシャルワークの中核を担う機関と必要に応じて連携をとりながら相談や支援を行う。そのために，ソーシャルワークの基本的な姿勢や知識，技術等についても理解を深め，支援を展開することが望ましい。こうした関係機関との連携・協働や地域の情報の把握および保護者への情報提供にあたっては，保育所全体で共有し，担当者を中心とした保育士等の連携体制の構築に努め，組織的な取り組みが重要となる。

子育てに悩みを抱えている保護者や養育に不安がある家庭，または不適切な

161

第Ⅲ部●子ども家庭福祉の実践を学ぶ

養育の疑いがあるような場合，保育士等が有する専門性を生かした支援が不可欠である。保育士等は，一人ひとりの子どもの発達および内面を理解し，保護者の状況に応じて支援できるよう，援助に関する知識や技術を身につけることが求められる。内容によっては，それらの知識や技術に加えて，ソーシャルワークの知識や技術を用いることが有効である。

（2）ソーシャルワークの定義と体系

ソーシャルワークは**相談援助**と訳され，個別の相談に対する技術ではなく，対象は個人，家族，集団，地域と多様であり，人々の生活をよりよいものにするための取り組みである。2014年7月には，メルボルンにおける国際ソーシャルワーカー連盟（IFSW）総会および国際ソーシャルワーク学校連盟（IASSW）総会において下記のソーシャルワーク専門職のグローバル定義が採択された。

ソーシャルワークは，社会変革と社会開発，社会的結束，および人々のエンパワメントと解放を促進する，実践に基づいた専門職であり学問である。社会正義，人権，集団的責任，および多様性尊重の諸原理は，ソーシャルワークの中核をなす。ソーシャルワークの理論，社会科学，人文学，および地域・民族固有の知を基盤として，ソーシャルワークは，生活課題に取り組みウェルビーイングを高めるよう，人々やさまざまな構造に働きかける。

この定義は，各国および世界の各地域で展開してもよい。

ソーシャルワークには図13—1のような類型があり，多岐にわたっている。ソーシャルワークは大別すると，個人や集団に直接働きかけ，面接等を通して信頼関係を結び，直接顔を合わせながら支援する「**直接援助技術**」，環境づくり等を通して，クライエントを側面から支援する「**間接援助技術**」，隣接領域の専門的な技術を活用しながら支援する「**関連援助技術**」に分けられる。

ここでは保育士が主に実践する直接援助技術について詳しくみていく。

（3）ケースワーク

ケースワークとは，メアリー・リッチモンド（M. E. Richmond）によると，「人間と社会環境との間を個別的に調整することによって，人間のパーソ

第13章 子どもの福祉を支える専門性

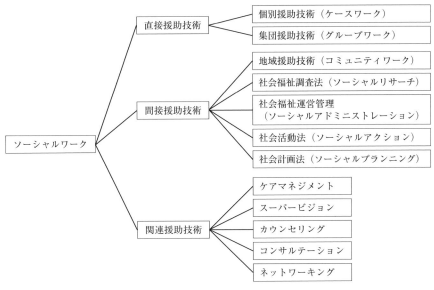

図13―1　ソーシャルワークの類型

ナリティの発達を促す過程である」と定義されている。ケースワークはソーシャルワークにおける最も基本的な技法であるといえる。
　保育士は保護者や子どもから相談を受ける場面においてケースワークの技術を活用する可能性がある。相談というと堅苦しいイメージがあるかもしれないが、日常的な場面（保育所でいえば送迎時や連絡帳など）も含めたやり取りの中での相談事も含まれている。相談内容によっては継続的な支援が必要な場合がある。保育所において実際に個別の支援を行う場合には、必要に応じて市町村など他の機関と連携するとともに、保育所での支援の中心となる保育士等を施設長や主任保育士、他の保育士等と役割分担を行いながら支えるといった体制をつくり、組織的な対応を行う必要がある。
　相談を受ける上で重要なことの1つに信頼関係がある。保育士は保護者や子どもと日常的なかかわりの中で、コミュニケーションを通して信頼関係を構築するようなかかわり方を意図的にしていく必要がある。これが保護者や子どもと信頼関係を形成し、円滑な援助につながっていく。

第Ⅲ部●子ども家庭福祉の実践を学ぶ

1）バイステックの7原則

　保育士に求められる基本的態度として，代表的なものにバイステックの7原則が挙げられる。この7原則は，「信頼関係（ラポール）」を構築するための倫理と行動の原則として，フェリックス・バイステック（F. P. Biestek）がケースワークでの援助関係に必要不可欠な原則を7つに整理したものである。

　① 個別化の原則

　子どもや保護者を「個人」としてとらえるということである。子どもや保護者が抱える問題や生活課題は，一人ひとり違いがあるということを理解し，援助していく。同じような問題や生活課題を抱えていても，子どもや保護者を取り巻く環境や状況は一人ひとり違いがあることを理解しておく必要がある。

　② 意図的な感情表出の原則

　子どもや保護者の感情表現を大切にするということである。問題や生活課題を抱える子どもや保護者の中には，自分の感情や気持ちをうまく表現できなかったり抑え込んでいたりする場合もある。保育士は，子どもや保護者が感情を表現しやすい言葉がけや雰囲気づくりなど，感情を自由に表現するための「意図的な」働きかけが必要となってくる。

　③ 統制された情緒的関与の原則

　保育士は自分の感情を自覚して吟味するということである。子どもや保護者に対しては自由に感情を表出してもらう一方で，保育士はさまざまな感情に流されることなく，自分自身の感情をコントロールする必要がある。冷静な判断のもとに子どもや保護者に対して援助するためである。自分自身の感情をコントロールするためには，保育士は自分自身の感情の特性や特徴を知っておくことが大切である。

　④ 受容の原則

　子どもや保護者のあるがままの姿を受け止めるということである。子どもや保護者の態度，行動，考え方など，あるがままの姿をそのままに受け止め，受け入れるということである。保護者は，一人ひとりがさまざまな社会的立場，性格，個人的背景をもっており，保育士に対する態度などもさまざまである。どのような態度や感情を示しても，一人の人間として尊重し，受け止める姿勢が求められる。しかしながらこの原則は，反社会的行動や犯罪行為に対しての

164

第13章●子どもの福祉を支える専門性

同調を意味するものではない。そうせざるを得なかった心情を受け止めることが大切である。

⑤　非審判的態度の原則

子どもや保護者を一方的に非難しないということである。保育士は自分の価値観や個人的な価値判断で，子どもや保護者を一方的に非難したり，行動や態度を批判したりしてはならないということである。保育士は子どもや保護者の行動や言動，態度の良し悪しを審判する立場にあるわけではなく，ともに考えていこうとするという態度でかかわる必要がある。

⑥　クライエントの自己決定の原則

子どもや保護者の自己決定を促して尊重するということである。子どもや保護者は，自分自身の意思で決定し，問題解決を図ることによって，自分で行動できるように保育士は側面的に援助を行う。援助関係は，援助者が一方的に指示を与えるなどして，何もかも決定してあげることではない。子どもや保護者が，自分自身の方向性について自分の意思で決定し，実行できるようにする。保育士は，子どもや保護者に適切な情報提供などを行い，自らが選択し決定できるように援助していく。

⑦　秘密保持の原則

子どもや保護者の秘密を保持して信頼関係を醸成するということである。子どもや保護者に関する情報は，決して他人に漏らしてはならない。保育士は職務上，子どもや保護者，家族の個人的な秘密に関する情報を知り得る立場にある。プライバシーの保護からも，そして信頼関係を構築する上でも，子どもや保護者の秘密を守ることは職務上の義務である。保育士は「個人情報保護」という観点から，本人の了解なしには，第三者に知り得た秘密は公開しないことを約束し，信頼関係を構築していく支援をする。また，子どもや保護者以外からの情報を収集することや，必要があってほかの相談援助者や関係機関等への情報を提供する必要がある場合は，原則として本人の了承を得ることが必要である。

これらの7つの原則は，それぞれが独立したものではなく，互いに関連し合い影響しているものである。

165

2）ケースワークの展開過程

① ケースの発見・インテーク

子ども・保護者の抱える生活課題（支援の対象となるケース）が発見され，支援が開始される最初の段階を「インテーク」という。

子ども家庭福祉の分野においては，児童相談所，福祉事務所，児童家庭支援センターなどは主な業務内容が相談支援であるため，家庭からの相談や他機関から持ち込まれて支援が始まることが多く，相談を受けつける面接を「**インテーク面接**」と呼ぶ。一方，保育所や児童養護施設，児童発達支援センターなどでは，子どもを対象とした日常の保育，養護，療育等が行われており，それらの業務に付随して保護者からの相談を受けることや，日々の子ども・保護者の様子から支援が必要なケースを保育者が発見したりすることも少なくない。

インテーク面接を通して，子ども・保護者の問題状況を知り主訴（ニーズ・不安・訴えたいこと）を明らかにするとともに，支援を受ける意思があるかを確認することも必要である。

② アセスメント（事前評価）

アセスメント（事前評価）は，必要な情報を収集し，集めた情報から子ども・保護者の問題状況を把握し分析を行い，子ども・保護者の解決すべき真の課題を明確にして，問題が起こっている原因と背景を見立てていく段階である。

アセスメントにおいて必要な情報は，支援記録のフェイスシートに記録される支援対象者の基本情報（氏名，年齢，家族構成，職業，経済状況，心身の状況），問題の内容，問題発生の時期，問題に対する本人や家族の思いや姿勢，子ども・保護者の家族関係，利用している社会資源などである。情報は子ども・保護者から得るだけにとどまらず，必要に応じて関係機関から情報を収集することも必要になる。また，家族構成とその関係，家族と社会とのつながりを分析するために，前者を図式化したジェノグラムや後者を図式化したエコマップといわれるマッピングツールが活用される。

③ 支援計画の立案（プランニング）

支援計画の立案（プランニング）では，アセスメントで明らかになった子ども・保護者の課題やニーズに対して，具体的な支援の計画を策定する段階であ

る。短期・中期・長期の目標と課題の優先順位などを設定する。次にそれぞれの目標について具体的な計画を作成する。計画は「いつ（までに），誰が（誰と），どこで，どのようにして，誰に，何をするのか」（5W1H）をできるかぎり具体的に決めていく。また，目標設定や計画の策定にあたっては，子ども・保護者にできるかぎり参加してもらい，計画の立案をすることが望まれる。

④　介入（インターベンション）

子ども・保護者の策定した支援計画に基づいて支援を実施することを「介入」という。支援の中心となる活動は，計画を実施する形で行われる。保育者は子ども・保護者の能力や人格に直接働きかけ，ニーズを充足し問題解決できるよう支援する。また，クライアントを取り巻く環境へアプローチし，社会的環境の関係調整を図る。社会資源の活用や，子ども・保護者の代弁を行うアドボケイトなど関係機関の専門職と連携を図りながら課題の解決に向けてアプローチすることもある。子ども・保護者がニーズを充足し，自らが課題の解決に向けて取り組めるよう，そのプロセスを保育者は側面的に支える必要がある。

⑤　モニタリング

モニタリングとは，支援が実際にどのように行われたのかそのプロセスを観察し，どのような効果が出ているのかについての情報収集と分析を行う。期待した効果が得られていない場合は，何らかの問題が生じていると考えることができ，必要に応じて，アセスメントの段階に戻って計画の修正等を行う場合がある。また，支援の途中で利用者やその環境に変化が生じた場合も，同様に再アセスメント行い，計画の見直しを行う必要がある。

⑥　評　価

それまで進められてきた支援が目標に到達できた，または設定された期間が終了するというところでエバリュエーション（事後評価）が行われる。事後評価においては，支援を振り返り，支援計画の妥当性や効果，信頼性，有用性，直接性などが確保されていることが重要である。評価はできるかぎり子ども・保護者とともに行うことが望ましい。また，ケースカンファレンスなどで複数の保育者等から評価を受けることが望ましい。

第Ⅲ部●子ども家庭福祉の実践を学ぶ

⑦　終　結

　子ども・保護者の抱える課題の解決がなされた場合や何らかの事情で支援の必要性がなくなった場合，支援は終結となる。子ども・保護者の転居や死亡，あるいは一方的な申出などによって，支援が中断，終結となる場合もある。

　終結は子ども・保護者が合意し，終結後の不安があまりない形で行われることが望ましい。支援が終結となった場合でも，新たな課題が生じた際には再び支援関係を結ぶことが可能であり，いつでも相談に来てほしいことを伝えることが必要である。また，ケースによっては終結後の支援を新たに他機関や他施設が担う場合もある。

（4）グループワーク

　グループワークとは，ソーシャルワークにおける専門技法の一つである。同質の課題をもつメンバーがグループのプログラム活動に参加し，相互の関係に生じる葛藤へ働きかけることで，治療的効果や認識の変化を促す援助の過程をいう。プログラム活動は，例えば，乳幼児の子育てをする母親，児童養護施設で暮らす中高生，学童保育を利用する小学生などのグループを対象に行うことができる。

3──他機関・他職種との連携・協働

　ソーシャルワークを実践するにあたっては社会資源の活用や関係機関・他職種との連携・協働が非常に重要であり必要となる。

　例えば，障がいのある子どもを受け入れている保育所と地域の児童発達支援センターや医療機関などの関係機関との連携においては，互いの専門性を生かしながら，子どもの発達に資するよう取り組んでいくことが必要となる保育所と児童発達支援センター等の関係機関とが定期的に，または必要に応じて話し合う機会をもち，それぞれの専門性に基づいたアセスメントから子どもへの理解を深め，支援の方向性と役割分担について確認し合うことが大切である。具体的には，支援計画の内容を保育所における指導計画にも反映させることや，保育所等訪問支援や巡回支援専門員などの活用を通じ，保育を見直すこと等が

第13章●子どもの福祉を支える専門性

考えられる。

　また，就学する際には，保護者や保育所，児童発達支援センター等の関係機関が，それまでの支援の経過について評価を行う。障がいの特性だけではなく，その子どもが抱える生活のしづらさや人とのかかわりの難しさなどに応じた，環境面での工夫や援助の配慮など支援のあり方を振り返り，就学に向けた支援の資料を作成し，保育所や児童発達支援センター等の関係機関での取り組みを踏まえた支援が就学以降も継続していくよう留意する。

　近年は，医療技術の進歩等を背景として，医療的なケアを必要としながらも生活することができる子どもが増加している。**医療的ケア児**が，地域において必要な支援を円滑に受けることができるよう，地方公共団体は保健，医療，福祉その他の各関連分野の支援を行う機関との連絡調整を行うための体制の整備について必要な措置を講ずることが児童福祉法に規定されている。医療的ケア児に対しても，**インクルーシブ保育**（障がいの有無等に限らず多様な子どもたちが同じ環境で行う保育）の考え方に基づいて保育する姿勢が必要であり，医療やリハビリテーションに関する専門職との連携も必要な場合は，理学療法士や作業療法士，言語聴覚士などの専門職と連携していく必要がある。

　保育所における栄養士・管理栄養士や調理師の仕事は，調理，給食管理，献立，給食だよりの作成，食育など実にさまざまである。また，食物アレルギーのある子ども向けの除去食や代替食の考案なども行っている。

　子どものアレルギー疾患の中でも，**食物アレルギーとアナフィラキシー**に関しては，誤食等の事故などにより生命が危険にさらされるおそれがあるため，常に適切な対応を行うことが重要である。日頃の管理として，生活環境の整備や与薬および外用薬塗布管理，食物アレルギーであれば給食管理，緊急時対応等が求められる。

　保育所におけるアレルギー対応は，組織的に行う必要がある。施設長のもとに対応委員会を組織し，マニュアルを作成し，全職員がそれぞれに役割を分担し，対応の内容に習熟する必要がある。そのためにも，全職員は施設内外の研修に定期的に参加し，個々の知識と技術を高めることが重要である。エピペン®（アドレナリン自己注射薬）は，子どもの生命を守る観点から，全職員が取り扱えるようにする。また管理者は，地域医療機関や嘱託医，所在地域内の

169

第Ⅲ部●子ども家庭福祉の実践を学ぶ

消防機関，市町村との連携を深め，対応の充実を図ることが重要である。

このように，保育所内での連携はもちろん，必要に応じて他機関等とネットワークを組んで子どもや保護者への対応にあたることが求められている。その際，子どもの最善の利益を考慮しながら適切な援助を行っていく必要がある。

食物アレルギーのある子どもの誤食事故は，注意を払っていても，日常的に発生する可能性がある。食器の色を変える，座席を固定する，食事中に保育士等が個別的な対応を行うことができるようにする等の環境面における対策を行う。その上で，安全性を最優先とした，人為的な間違いや失敗についての対策を講じることが重要である。

● 演習コーナー ●
・保育士の専門性とは何かを整理してみよう。
・あなたの住んでいる地域では子育て支援のための社会資源としてどのようなものがあるか調べ，そこで働いている専門職の資格，業務内容，専門性について調べてみよう。

参考文献
・厚生労働省：保育所保育指針，2017
・厚生労働省：保育所保育指針解説，2018
・厚生労働省：保育所におけるアレルギー対応ガイドライン（2019年改訂版），2019
・原信夫ほか：子ども家庭支援論，北樹出版，2020
・原信夫ほか：子育て支援，北樹出版，2020

第Ⅲ部　子ども家庭福祉の実践を学ぶ

第14章　子どもの福祉と連携

● ● ● アウトライン ● ● ●

1．連携の重要性

要　点

◎子どもや家庭を取り巻く環境が変化してきたことにより，子どもや親が抱える問題は複雑化し困難性を増している。

◎子ども，家庭を支えるには，1人の専門職，1つの機関・施設だけでは成り立たない。さまざまな子ども福祉の専門職，機関・施設が連携して，子どもも家庭も支えていくことになる。

◎連携においては，関係する機関や施設だけでなく，地域福祉の考え方に基づいて，当事者同士，あるいは住民間でのつながり，支え合いを伸長していくことで，子どもの健全育成を図っていくことも重要である。

キーワード

連携　問題の発生予防　問題の早期発見　地域福祉

2．地域における連携・協働

要　点

◎地域における連携・協働とは何かを考える際に，「地域」「連携」「協働」それぞれの意味を整理し理解する必要がある。これらの一連の働きは，ある目的・方向性をもつことで成り立つ。子どもの福祉でいえば，「子どもの幸せ」という目的をもった「つながり（連携・協働）」の「働き」とまとめることができる。

◎行政による支援だけでなく，市民や民間による支援活動などが，それぞれ役割をもち，連携（つながり）によって課題解決（わかちあい）へと取り組むことが，地域における連携と協働である。

キーワード

地域　連携　協働　無料塾　子ども食堂　こどもの貧困の解消に向けた対策の推進に関する法律

171

第Ⅲ部 ●●●子ども家庭福祉の実践を学ぶ

1──連携の重要性

　家庭や地域社会，子どもと周囲にいる大人とのかかわりなど，子どもを取り巻く環境は変化している。情報化社会，特にSNSの普及は，子どもも含めコミュニケーションのあり方を変化させた。子育て世帯の多くが核家族（両親と子ども，またはひとり親家庭）となったことも，幼児期から児童期における人との直接的なかかわりにおける多様な体験の減少につながっている。

　例えば児童福祉施設の子どもたちは，直接的な入所理由でない場合も含めて，虐待を受けているケースが急増した。虐待をしている親にも，家族の規模の縮小によって子育ての全負担がのしかかる一方で，地域のつながりが希薄化し，気軽に周囲の人々を頼ることが難しくなったという背景がある。親子分離によって一時的に問題の進行を止めることはできても，その後子どもと親の生活が再開し，長く自立した生活を送るには多くの課題が残されている。

　子ども家庭福祉の対象は，子どもを取り巻く環境の変化により複雑化し，困難性を増しているため，1つの機関や限られた担当者だけでは対応や解決が難しい。子ども家庭福祉に関係する施設・機関や担当者に加え，医療，教育，司法などの分野とのかかわりや連携が必要となる。子ども家庭福祉の活動は，同一施設内の専門職や職員間のみならず，施設と施設，施設と医療機関，学校，警察などの担当者が連携することで問題の解決を目指している。

　問題を解決するには，発生前に予防すること（問題発生の予防），深刻化を防ぐこと（問題の早期発見），解決後の細やかな支援（アフターケア）が重要である。そのためには，問題の本質を把握し，発生前後の状況を丁寧に見極めながら支援を行うことが求められる。そうなると支援は，幅広い視点や，長期にわたることもあるので，主として担当する施設や機関の担当者を中心としながら，対象となる子どもやその家族に関係する各機関によるさまざまな視点が加わり，問題解決を行うこととなる。

　また，子どもや子育て家庭への支援においては，地域福祉の考え方も重要である。地域福祉とは，それぞれの地域において人びとが安心して暮らせるよう，地域住民や公私の社会福祉関係者がお互いに協力して地域社会の福祉課題

172

第14章　子どもの福祉と連携

の解決に取り組む考え方である。育児や子育てに悩む者と支援する機関の関係のみで問題解決を目指すのではなく，育児や子育てに悩む者同士や，かつて育児や子育てにあった者たちと現在育児や子育てにある者たち同士をつなげ，育児や子育て当事者同士，それに関係する施設や関係機関がつながり，より大きな集団で悩みや喜びを分かち合う。地域福祉は，地域全体で子どもの健全育成を図るという考え方である。地域の中には，子どもや家族，問題を解決する主たる施設や機関，また，医療，教育，司法などの関係機関，子どもの生活全般に関係する社会資源すべてが含まれている。

2──地域における連携・協働

（1）連携と協働

　地域の連携・協働を学ぶにあたり，以下に地域，連携，協働それぞれの意味を検討する。その上で，「地域における連携・協働」について，ひとまとまりとしての意味を整理する。

地　域：地域は，一般的には，全体社会の一部分である。しかし，固有の資格において自らの存在性を主張する点において「もう１つの全体」としての拡がりをもつ。社会福祉における地域は，住民に主体的に認識される地域，自治体行政と住民が連携する共同的企てとしての地域などが含まれる。

連　携：連携は，連絡をとり，協力して何かを行うことである。社会福祉における連携は，連絡調整の内容を含む概念であり，社会福祉問題の解決を目指す共通の目標と計画に基づいて社会福祉関係機関・団体の間で相互に情報を交換し，事業活動の重複・競合・欠落を防ぎ，相互の役割・機能の調整とその効果的遂行を図るなど協力・協働体制をつくり上げていく活動をいう。

協　働：協働は，協力して働くことや，力を合わせ，他のものに影響を及ぼすことである。社会福祉における協働は，専門職や施設・機関など，社会資源同士が連携した支援や，専門職と住民が協力して地域の問題を共有し，解決していくという意味で使われている。

173

第Ⅲ部●●●子ども家庭福祉の実践を学ぶ

　それぞれの意味を合わせると，「地域における連携・協働」とは，住民が主体的に認識する範囲の場や行政区分上の一定範囲の場において，社会福祉問題の解決を目的に，社会福祉関係機関・団体間で情報交換するとともに，協力体制を構築し，それらと住民が協力して取り組むことである。地域は住民にとって生活の場であり，助け合う場でもあるので，物理的な広さだけでなく，住民同士のつながりなども考慮に入れる必要がある。そこにはそれぞれ目的の異なる社会福祉施設・機関や団体などの社会資源が存在するが，地域住民のためにそれらがつながることが大切である。これが連携であり，協働になる。

　近年では，人が本来もっている力を発揮するための支援（エンパワメント）への注目などから，改めて「子どもの幸せ」という目的をもった「つながり（連携・協働）」の「働き」が重要視されている。以下，その事例を取り上げる。

（2）連携と協働の実際

1）別々だったものをつなぐ─山科醍醐こどものひろば─

　2010（平成22）年に京都府の特定非営利活動法人山科醍醐こどものひろばが，子どもの貧困対策事業の取り組みを始めた。ここでは，学校（小学校や中学校や高校）や社会福祉協議会，スクールソーシャルワーカー（滋賀県教育委員会）の協力のもと，ボランティアの学生たちが学習支援や遊びの相手役として参加し，子どもの夜間の居場所およびトワイライトステイを実施している。この事業では，滋賀県や大津市が財政的支援の一部を担っている。

　「こどものひろば」では，夜，子どもたちがボランティアの学生と食事をしながら会話を交わす。子どもの多くはひとり親家庭である。親は生活のために朝から晩まで働いているため，そんな時間を家庭でもてずにいるのである。それほど働いても，生活が豊かになるほどの収入はない。学校は子どもの様子を把握していても，介入はできない。親は働いており，ネグレクトと呼べる状況ではないため，生活保護の受給や，児童養護施設の利用をするほどではない。子どもは食事をとったりとらなかったりで，お金もなく，親が頑張って働いていることはわかってはいるけれど，学習塾に行ったり，家族と食事をしている他の家族とは違うことに不安を募らせる。事情は一人ひとり違うが，貧困にあ

り，不登校や発達障害のある子どもたちにとって，「こどものひろば」は夜の居場所である。ここに通ううちに，ご飯を食べて，話すようになり，ゲームや好きなことをして落ち着くようになり，勉強をするようになり，将来や夢を口にするようになり，勉強や進学を果たしていくようになる。家庭の一部であるような場所が「こどものひろば」なのである。

この活動は，貧困を背負い孤立していく子どもたちを再び友達や学校や将来とつないでいく活動である。「こどものひろば」における居場所とトワイライトステイの実施に際しては，学校や社会福祉協議会との連携が不可欠である。また学生ボランティアとの協働はこの活動に欠かせないものとなっている。

2）子どもの貧困対策の取り組み―無料塾と子ども食堂（茨城県龍ケ崎市）―

特定非営利活動法人 NGO 未来の子どもネットワークは，貧困の中で大人になっていく子どもたちの居場所でもある学習支援としての「無料塾」，子どもの貧困対策生活支援としての「無料子ども食堂」を行っている。

ここでの活動の方法は，未来の子どもネットワークが中心となり，龍ケ崎市からの運営資金の一部となる財政的支援，市社会福祉協議会との情報交換を行い，どこの地区に支援を必要とする子どもや家族がいるかを把握（課題）している。そこに，フードロスに取り組む団体からの食材の提供，ボランティア学生や一般市民のスタッフとしての参加などを得て，かつて個人開業病院だった施設を子ども食堂の拠点として無償で借り受け，貧困にある子どもの支援（無

無料塾は，子どもたちの居場所としての役割も果たしている。

子ども食堂でのメニュー例

写真提供：特定非営利活動法人 NGO 未来の子どもネットワーク

料塾，無料子ども食堂）を行うものである。

3）家庭と児童相談所と社会福祉施設

　子どもへの虐待が発見され，子どもの一時保護や保護者への指導・支援が行われる。その後の判定により，場合によっては児童養護施設への入所措置が行われる（図14－1）。ここでは虐待などの理由から子どもが守られ，保護者も一緒に過ごす環境を整え，準備をし直す時間がもたらされる。

　ここでの連携は，児童相談所や児童養護施設が，虐待やその他の課題のある保護者と子どもの間に入り，調整し，再び保護者と子どもがつながることを支えているものである。家庭の状況によっては，生活保護の受給により，福祉事務所との連携を行う場合もある。また，親がアルコール依存症等，精神疾患の場合には，医療機関や保健センターとの連携が必要となる。また，施設に入所してから子どもが通う幼稚園や学校等との連携，協働は欠かせない。

4）企業とのつながり―児童養護施設の子どもたちへの支援―

　京都府宇治市で貸衣装業を営む前川順氏は，児童養護施設出身者の中には孤立や学費の工面に苦しむ子どもがいると知り，お世話になった人たちや地域に恩返ししたいと思いを込めて支援を始めた。当初は，奨学金創設を考えたが，さまざまな仕事を通じて人を育てるのが中小企業の強みであることに気づき，職場体験の実施や，施設を訪ねて趣味や恋愛を話題に雑談をするなど，子どもたちと交流を続けている。地元の宇治市には，木工所やうどん店経営者，ウェブデザイナーと多彩な仲間がいて，職業体験等において協力を得ている。

　このように，複数の中小企業と児童養護施設との連携・協働により，児童養

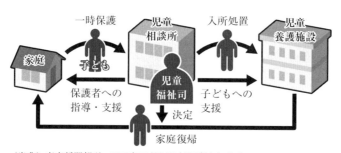

（出典）東京新聞朝刊，2019年7月14日付記事より作成

図14―1　児童相談所の役割（一部）

第14章●子どもの福祉と連携

護施設の子どもたちのリービングケアや就労の課題を支える取り組みがある。

5）つながりの基盤づくり─母子家庭の居住支援─

特定非営利活動法人リトルワンズは，ひとり親家庭に対し住居を6年間で300世帯以上を無償または低額で提供した。支援を必要としている家庭が働かず家賃を払わないという誤解を周囲に抱かせないために，リトルワンズでは多くの場合が働いて家賃を払えることを伝えてきた。

住居を失った親子や，子育てに不向きな住宅にある親子が，支援を受けて家族の成長の場である住宅を得て，再び仕事や子育て環境を整え，社会とつながっていく。現在，法人は解散しているが，空き家のリノベーションと生活支援や住居提供をする活動として国土交通省のモデル事業になった。

この活動では，法人が調整役となり，住居を必要とする親子に生活支援，就労支援，居住支援，情報提供，交流支援など行う際，多くの企業との連携・協働により，ひとり親の住宅提供と就労のマッチングを支援している。

6）国が行う制度としてのつながり─「こどもの貧困対策解消法」─

子どもの貧困対策は，要保護児童の早期発見や適切な保護を図るために関係機関が情報や考え方を共有し，適切な連携のもとで対応していくものである。

2021（令和3）年時点で，子どもの貧困率は11.5%となっている（令和4年国民生活基礎調査）。子どもの貧困問題を解決するため2014（平成26）年1月に「子どもの貧困対策の推進に関する法律」が施行され，2019（令和元）年6月に一部改正が施行された。そして，2024（令和6）年9月には，「こどもの貧困の解消に向けた対策の推進に関する法律」として改題改正されて施行された。保護者の病気，就労の不安定さ，親族等からの孤立などさまざまな要因から，子どもの学力不足，不衛生，不安定な食生活，虐待，不登校など，子どもにとって厳しい環境につながることがある。このような環境下では，親や子どもの努力だけで抜け出すことは難しい場合がある。

これらの法律は，このような環境にある親や子どもに対して早い段階で生活の様子を把握し，必要な支援につなげる制度（きまり）である。

7）「つながり」の根っこ─1匹の迷える羊─

聖書には次のような話が登場する。100匹の羊がおり，そのうちの1匹が迷い出て，いなくなった。羊飼いは99匹を山に残して置いて，迷い，いなくなっ

177

第Ⅲ部 ●●●子ども家庭福祉の実践を学ぶ

た1匹の羊を探しに出かけるというものである。

　誰かが，傷んでいる，困っている。そこに手を差し伸べる。その人の問題
は，私の問題ではないけれど，その傷つき，傷んでいる姿を見たら，まるで私
も傷んでいるみたいにどうしようもなく私の胸が締め付けられる。「腑に落ち
る」という言葉がある。深く理解するという意味だが，この「腑」は人間の体
の中の臓器を意味するものである。人の痛みを「頭に入る」とは言わず，「腑
に落ちる」というのは，相手の痛みを分かち合う能力が私たち人間の身体には
あるからではないだろうか。99匹の羊は羊飼いがいない間，助け合って1匹を
自分のことのように心配し，戻ってくるのを待っていたに違いない。地域にお
ける連携・協働においても，直接困窮している当事者以外の地域住民がその人
のことを心配することが起点となり，自身が社会資源となり，連携・協働して
いく。支援は支援者のみの取り組みだけでなく，地域福祉において住民主体が
大切にされているように，周りを巻き込んで，自分のこととして主体的に取り
組んでもらえる人を増やしていくことだと考える。

　ここで紹介した事例では，さまざまな場における課題やそれを解決する役割
があり，連携（つながり）がある。その連携（つながり）の中で，課題を幾人
ものメンバーや団体で役割をもって解決しようとしている。課題の解決は，「分
かち合い」という働きといえる。連携という「つながり」と課題の解決という
「分かち合い」という働きが，地域における連携と協働なのである。

● 演習コーナー ●

・あなたのこれまで体験した「つながり」と「分かち合い」はどのようなもの
　があったか。グループで語り合い，分かち合ってみよう。

参考文献

・幸重忠孝：まちの子どもソーシャルワーク，かもがわ出版，2018
・朝日新聞，2018年11月27日付『ひと』掲載記事
・シングルママ，パパのサポート団体NPO法人リトルワンズホームページ

■ 索 引 ■

〔あ〕

赤沢鐘美‥‥‥‥‥‥‥‥‥90
アセスメント‥‥‥‥‥‥166
アダム・スミス‥‥‥‥‥95
アナフィラキシー‥‥‥‥169

〔い〕

育児休業‥‥‥‥‥‥‥‥‥4
育児休業，介護休業等育児又
　は家族介護を行う労働者の
　福祉に関する法律‥‥‥109
育成相談‥‥‥‥‥‥‥116
池上幸枝‥‥‥‥‥‥‥‥91
意見表明等支援員‥‥‥158
医　師‥‥‥‥‥‥‥‥148
石井十次‥‥‥‥‥‥‥‥90
石井亮一‥‥‥‥‥‥‥‥91
一時預かり事業‥‥‥‥‥34
一時保護所‥‥‥‥‥‥115
1.57ショック‥‥‥‥‥13, 93
糸賀一雄‥‥‥‥‥‥‥‥92
医療型障害児入所施設 56, 124
医療的ケア看護職員‥‥156
医療的ケア児‥‥‥‥59, 169
岩永マキ‥‥‥‥‥‥‥‥90
インクルーシブ保育‥‥169
インターベンション‥‥167
インテーク‥‥‥‥‥‥166

〔う・え・お〕

浦上養育院‥‥‥‥‥‥‥90
栄養士‥‥‥‥‥‥‥‥150
エグランタイン・ジェブ
　‥‥‥‥‥‥‥‥7, 87, 96
エスピン＝アンデルセン
　‥‥‥‥‥‥‥‥‥‥138
エバリュエーション‥‥167
エミール‥‥‥‥‥‥‥‥7
エリザベス救貧法‥‥‥‥86
エレン・ケイ‥‥‥‥7, 95
円環的因果律‥‥‥‥‥‥63
エンゼルプラン‥‥‥15, 94
エンパワメント‥‥‥‥174
近江学園‥‥‥‥‥‥‥‥92
岡留幸助‥‥‥‥‥‥‥‥91

岡山孤児院‥‥‥‥‥‥‥90
オレンジリボン運動‥‥‥42

〔か〕

学習障害‥‥‥‥‥‥‥‥53
加速化プラン‥‥‥‥‥‥24
家族療法‥‥‥‥‥‥‥‥65
家庭裁判所‥‥‥‥111, 121
家庭支援専門相談員‥123, 152
家庭児童相談室‥‥‥‥119
家庭的保育事業‥‥‥‥‥33
感化院‥‥‥‥‥‥‥‥‥91
感化法‥‥‥‥‥‥‥‥‥91
環境因子‥‥‥‥‥‥‥‥51
間接援助技術‥‥‥‥‥162
管理栄養士‥‥‥‥‥‥150
関連援助技術‥‥‥‥‥162

〔き・く・け〕

棄児養育米給与方‥‥‥‥90
気になる子‥‥‥‥‥‥‥50
救貧法‥‥‥‥‥‥‥‥‥86
教護院‥‥‥‥‥‥‥‥‥69
共同親権‥‥‥‥‥‥‥‥47
業務独占資格‥‥‥‥‥145
居宅訪問型児童発達支援‥‥57
居宅訪問型保育事業‥‥‥34
ギルド‥‥‥‥‥‥‥‥‥86
近代家族‥‥‥‥‥‥‥135
虞犯少年‥‥‥‥‥‥66, 111
グループホーム‥‥‥‥‥39
グループワーク‥‥‥‥168
ケースワーク‥‥‥‥‥162
限局性学習症‥‥‥‥‥‥53
言語聴覚士‥‥‥‥‥‥149

〔こ〕

合計特殊出生率‥‥‥13, 135
工場法‥‥‥‥‥‥‥‥‥87
厚生労働省‥‥‥‥‥‥113
国際人権規約‥‥‥‥‥‥96
国際生活機能分類‥‥‥‥51
孤女学院‥‥‥‥‥‥‥‥91
個人因子‥‥‥‥‥‥‥‥51
子育て支援員‥‥‥‥‥155

子育て世代包括支援センター
　‥‥‥‥‥‥‥‥‥‥105
国家資格‥‥‥‥‥‥‥145
こども家庭センター‥ 42, 105
こども家庭ソーシャルワー
　カー‥‥‥‥‥‥‥‥150
こども家庭庁‥‥‥ 22, 95, 113
こども基本法‥‥‥ 6, 22, 101
子ども・子育て応援プラン‥18
子ども・子育て関連３法‥‥19
子ども・子育て支援新制度
　‥‥‥‥‥‥‥19, 31, 95
子ども食堂‥‥‥‥‥83, 175
子どもに関するホワイトハウ
　ス会議‥‥‥‥‥‥‥‥88
子どもの権利条約
　‥‥‥‥ 7, 38, 93, 96, 101
子どもの生活・学習支援事業
　‥‥‥‥‥‥‥‥‥‥83
こどもの貧困の解消に向けた
　対策に関する大綱‥‥‥78
こどもの貧困の解消に向けた
　対策の推進に関する法律
　‥‥‥‥‥‥‥‥‥‥77
こども未来戦略方針‥‥‥24
子供・若者育成支援推進大綱
　‥‥‥‥‥‥‥‥‥‥73
子ども・若者育成支援推進法
　‥‥‥‥‥‥‥‥‥‥73
コミュニティ・ケア‥‥‥88

〔さ〕

作業療法士‥‥‥‥‥‥149
里親支援センター‥‥‥130
里親支援専門相談員‥‥153
里親支援ソーシャルワーカー
　‥‥‥‥‥‥‥‥‥‥153
里親制度‥‥‥‥‥‥‥‥42

〔し〕

シーボーム報告‥‥‥‥‥88
ジェーン・アダムズ‥‥‥88
シェルター‥‥‥‥‥‥‥46
四箇院の制‥‥‥‥‥‥‥89
資　格‥‥‥‥‥‥‥‥145
事業所内保育事業‥‥‥‥34

179

次世代育成支援対策推進法…15
施設型給付……………… 19, 32
慈善組織協会………………87
市町村児童福祉審議会…… 115
児童委員……………… 120, 157
児童買春，児童ポルノに係る
　行為等の規制及び処罰並び
　に児童の保護等に関する法
　律……………………… 108
児童家庭支援センター…… 129
児童館……………………… 127
児童虐待の防止等に関する法
　律……………… 40, 94, 107
児童虐待防止協会……………88
児童憲章………………………92
児童厚生施設……………… 126
児童指導員………… 149, 151
児童自立支援施設…… 68, 125
児童自立支援専門員……… 154
児童自立生活援助事業…… 130
児童心理司………………… 147
児童心理治療施設…… 65, 124
児童生活支援員…………… 154
児童相談所………… 115, 146
児童中心主義……………… 7, 96
児童手当法……………… 93, 107
児童の遊びを指導する者… 154
児童の権利に関するジュネー
　ブ宣言………………… 7, 96
児童の権利に関する条約
　…………… 7, 38, 93, 96, 101
児童の権利に関する宣言…… 7
児童の世紀……………… 6, 95
児童発達支援センター
　……………………… 56, 127
児童福祉司………………… 146
児童福祉白亜館会議…………88
児童福祉法……… 5, 92, 102
児童福祉六法……… 93, 102
児童扶養手当………………83
児童扶養手当法…………… 106
児童遊園…………………… 127
児童養護施設……………… 122
自閉スペクトラム症…………53
社会的排除…………………77
社会的養護…………………38
社会福祉……………………… 2
社会福祉士………………… 151

社会福祉法………………… 119
社会保障審議会…………… 114
ジャン＝ジャック・ルソー
　……………………………… 6
恤救規則……………………90
受動的権利…………………… 5
主任児童委員……… 121, 157
障　害……………… 50, 65
障害児支援利用援助………57
障害児入所施設…… 56, 123
障害児福祉手当………………59
障害者基本法…………………59
障害者の日常生活及び社会生
　活を総合的に支援するため
　の法律……………… 55, 110
障害相談…………………… 116
小規模グループケア…………39
小規模住居型児童養育事業 130
小規模保育事業………………34
少子化……………… 10, 13
少子化社会対策基本法………18
情緒障害……………………64
小児慢性特定疾病児童等自立
　支援事業……………………58
少年非行……………………65
少年法……………… 65, 110
少年を指導する職員……… 153
触法少年……………… 66, 111
助産施設…………………… 128
ジョブカフェ…………………72
ジョン・デューイ……… 6, 95
自立援助ホーム…………… 130
新エンゼルプラン…… 15, 94
新子育て安心プラン…………21
仁慈堂………………………90
身体障害……………………52
身体障害者手帳………………52
身体障害者福祉法……………92
身体的虐待…………………40
心理的虐待…………………40
心理療法担当職員…… 43, 153

〔す・せ・そ〕
スクール・カウンセラー
　……………………… 71, 155
スクール・ソーシャルワー
　カー……………… 71, 156
健やか親子21…… 20, 65

ステップファミリー………14
生活保護……………………82
生活保護法…………………92
精神障害……………………52
精神障害者保健福祉手帳……52
精神保健福祉士…………… 152
性的虐待……………………40
セーブ・ザ・チルドレン 7, 96
世界児童憲章…………………96
世界人権宣言…………………96
絶対的貧困…………………76
設置義務資格……………… 145
専門職……………………… 145
相対的貧困…………………76
相談援助…………………… 162
ソーシャルワーク………… 161
措置制度…………………… 132

〔た―と〕
第1種社会福祉事業……… 132
第2種社会福祉事業……… 132
高木憲次……………………91
高瀬真卿……………………91
滝乃川学園…………………91
男女雇用機会均等法…………27
地域型保育給付…… 19, 32
地域型保育事業…… 33, 131
地域子ども・子育て支援事業
　……………………………20
地域生活支援事業…… 55, 57
知的障害……………………52
知的障害者福祉法……………92
千葉感化院…………………91
注意欠如・多動症……………54
直接援助技術……………… 162
直線的因果律………………63
トインビー・ホール…………87
東京孤児院…………………90
特別支援教育コーディネー
　ター……………………… 157
特別支援教育支援員……… 157
特別児童扶養手当……………58
特別児童扶養手当等の支給に
　関する法律………… 93, 106
都市化……………………… 8
都道府県（指定都市）児童福
　祉審議会………………… 114
富の再分配………………… 137

180

ドメスティック・バイオレン
　ス‥‥‥‥‥‥‥‥‥‥‥‥45
共働き家庭‥‥‥‥‥‥‥‥‥28

〔な―の〕

ナショナルミニマム‥‥‥‥88
新潟静修学校‥‥‥‥‥‥‥90
ニート‥‥‥‥‥‥‥‥‥‥72
日本国憲法‥‥‥‥‥92, 99
乳児院‥‥‥‥‥‥‥‥　122
乳児家庭全戸訪問事業‥‥42
認可外保育施設‥‥‥‥‥35
認証保育所‥‥‥‥‥‥‥35
ネグレクト‥‥‥‥‥‥‥40
能動的権利‥‥‥‥‥‥‥5
ノーマライゼーション‥‥88
野口幽香‥‥‥‥‥‥‥‥91

〔は・ひ〕

バーナードホーム‥‥‥‥87
パーマネンシー‥‥‥‥‥44
配偶者からの暴力の防止及び
　被害者の保護等に関する法
　律‥‥‥‥‥‥‥‥45, 108
配偶者暴力相談支援センター
　‥‥‥‥‥‥‥‥‥‥‥46
バイステックの7原則‥‥164
発達障害‥‥‥‥‥‥‥‥53
発達障害者支援法‥‥‥109
服部元良‥‥‥‥‥‥‥‥91
ハル・ハウス‥‥‥‥‥‥88
犯罪少年‥‥‥‥‥　66, 111
反社会的行動‥‥‥‥‥124
ひきこもり‥‥‥‥‥‥71
非行少年‥‥‥‥‥‥‥65
非行相談‥‥‥‥‥‥‥117
非社会的行動‥‥‥‥‥124
ひとり親家庭‥‥‥　14, 78
ひとり親家庭等日常生活支援
　事業‥‥‥‥‥‥‥　104
貧　困‥‥‥‥‥‥‥‥‥75
貧困線‥‥‥‥‥‥‥‥‥76
貧民状態改良協会‥‥‥‥88

〔ふ・へ〕

ファミリーソーシャルワー
　カー‥‥‥‥‥　123, 152
ファミリーホーム‥‥　43, 130

フードスタンプ‥‥‥‥‥89
夫婦小舎制‥‥‥‥‥　125
福祉型障害児入所施設
　‥‥‥‥‥‥‥‥56, 124
福祉三法‥‥‥‥‥92, 102
福祉事務所‥‥‥‥‥　119
福祉レジーム‥‥‥‥　138
福祉六法‥‥‥‥‥‥‥93
二葉保育園‥‥‥‥‥‥91
二葉幼稚園‥‥‥‥‥‥91
不登校‥‥‥‥‥‥‥‥69
プランニング‥‥‥‥　166
フレーベル‥‥‥‥‥‥6
ベヴァリッジ報告‥‥‥88
ペスタロッチ‥‥‥‥6, 95
ヘッド・スタート・プログラ
　ム‥‥‥‥‥‥‥89, 142
弁護士‥‥‥‥‥‥117, 147

〔ほ〕

保育士‥‥‥‥‥‥149, 151
保育所‥‥‥‥‥‥33, 126
保育所待機児童問題‥‥‥29
保育所等訪問支援‥‥‥57
保育所保育指針‥‥‥‥31
保育ソーシャルワーク‥‥161
放課後子ども総合プラン‥‥20
放課後子どもプラン‥‥18
放課後児童健全育成事業
　‥‥‥‥18, 31, 35, 131
放課後等デイサービス‥‥57
法　律‥‥‥‥‥‥‥‥99
保健師‥‥‥‥‥‥‥　148
保健所‥‥‥‥‥‥‥　120
母及び父子並びに寡婦福祉
　法‥‥‥‥‥‥‥93, 104
母子健康包括支援センター
　‥‥‥‥‥‥‥‥‥　105
母子支援員‥‥‥‥‥　153
母子生活支援施設‥‥　47, 128
母子父子寡婦福祉資金‥‥104
母子保健法‥‥‥‥93, 105

〔み・め・も〕

民間資格‥‥‥‥‥‥　145
民生委員‥‥‥‥‥‥　120
メアリー・リッチモンド‥‥162
名称独占資格‥‥‥‥　145

命　令‥‥‥‥‥‥‥‥99
メディケア‥‥‥‥‥‥89
メディケイド‥‥‥‥‥89
面前DV‥‥‥‥‥‥‥40
モニタリング‥‥‥‥　167
森島峰‥‥‥‥‥‥‥‥91

〔や・よ〕

ヤヌシュ・コルチャック
　‥‥‥‥‥‥‥‥‥7, 96
ヤングケアラー‥‥‥‥82
養育医療‥‥‥‥‥‥‥58
養育支援訪問事業‥‥‥42
養護相談‥‥‥‥‥‥　117
要保護児童対策地域協議会
　‥‥‥‥‥‥‥‥42, 108
幼保連携型認定こども園
　‥‥‥‥‥‥‥‥33, 126

〔ら―ろ〕

ラクロット‥‥‥‥‥‥90
理学療法士‥‥‥‥‥　149
療育手帳‥‥‥‥‥‥‥52
利用契約制度‥‥‥‥　132
両親保険制度‥‥‥‥　141
劣等処遇の原則‥‥‥‥87
老人福祉法‥‥‥‥‥‥93
ロバート・オウエン‥‥87

〔わ〕

ワークハウス・システム‥‥87
ワーク・ライフ・バランス憲
　章‥‥‥‥‥‥‥‥‥19
わかものハローワーク‥‥73
ワンオペ‥‥‥‥‥‥‥4

〔A～Z〕

ADHD‥‥‥‥‥‥‥‥54
AICP‥‥‥‥‥‥‥‥88
ASD‥‥‥‥‥‥‥‥‥53
CAS‥‥‥‥‥‥‥‥‥88
COS‥‥‥‥‥‥‥‥‥87
DSM-5‥‥‥‥‥‥‥53
DV‥‥‥‥‥‥‥‥‥45
ICF‥‥‥‥‥‥‥‥‥51
SDGs‥‥‥‥‥‥‥‥76
SLD‥‥‥‥‥‥‥‥‥53
WHO‥‥‥‥‥‥‥‥51

執筆者一覧

〔編著者〕 (執筆分担)

和田上 貴昭 日本女子大学家政学部 教授 第3章, 第11章

野島 正剛 武蔵野大学教育学部 教授 第1章, 第6章, 第8章

〔著 者〕(執筆順)

亀﨑 美沙子 日本社会事業大学社会福祉学部 准教授 第2章

木村 秀 共立女子大学家政学部 准教授 第4章

吉野 真弓 育英短期大学 准教授 第5章

髙橋 雅人 湘北短期大学 准教授 第7章

赤瀬川 修 安田女子大学教育学部 准教授 第9章, 第10章

石田 健太郎 明星大学教育学部 教授 第12章

佐藤 ちひろ 白鷗大学教育学部 教授 第13章

遠田 康人 成田国際福祉専門学校 専任講師 第14章

はじめて学ぶ **子どもの福祉**

2025 年（令和 7 年）4 月 1 日　初版発行

編 著 者	和田上　貴　昭	
	野　島　正　剛	
発 行 者	筑　紫　和　男	
発 行 所	株式会社 **建　帛　社** KENPAKUSHA	

〒 112-0011　東京都文京区千石 4 丁目 2 番 15 号
TEL　　（03）3944-2611
FAX　　（03）3946-4377
https://www.kenpakusha.co.jp/

ISBN 978-4-7679-5150-8　C3037
©和田上貴昭，野島正剛ほか，2025.
（定価はカバーに表示してあります）

教文堂/愛千製本所
Printed in Japan

本書の複製権・翻訳権・上映権・公衆送信権等は株式会社建帛社が保有します。
JCOPY〈出版者著作権管理機構　委託出版物〉
本書の無断複製は著作権法上での例外を除き禁じられています。複製される
場合は，そのつど事前に，出版者著作権管理機構（TEL 03-5244-5088,
FAX 03-5244-5089，e-mail : info@jcopy.or.jp）の許諾を得て下さい。